해피 매니페스토

행복과 성과를 끌어당기는 뉴노멀 경영 전략

HAPPY
MANIFESTO

해피 매니페스토

헨리 스튜어트 지음 | **강영철** 옮김

매일경제신문사

한번 붙잡으면 눈을 떼지 못할 정도로 지혜롭고 재미있는 책이다. 리더에게 가장 현실적인 비즈니스 아이디어와 영감을 준다.

— 리처드 레야드Richard Layard, 경제학자이자 UN 발행 〈세계행복보고서〉의 저자

자신의 조직을 성취감 높은 일터로 만들고 싶다면 반드시 이 책을 읽어야 한다. 현명한 리더가 되는 가장 빠른 지름길이다!

— 제이슨 워맥Jason Womack, 미국 행동변화사상가이자 베스트셀러 작가

"복잡하기 그지없는 사람 관리 업무를 쉽고 단순하게 만드는 대단한 책이다. 어떤 조직이든 관리자라면 이 책에서 많은 도움을 얻게 될 것이다."

— 제인 선리Jane Sunley, learnpurple의 CEO

"Happy의 접근법을 따른다면, 분명 모든 직장은 지금보다 더 좋은 일터가 될 것이다."

— 닐 커런트Neil Currant, 샐퍼드대학교 교수

"처음부터 끝까지 몰입해서 단번에 읽었다. 특히 '경영관리의 욕구단계설'은 무릎을 탁 치게 만들 만큼 탁월했다!"

— 조나단 패스Jonathan de Pass, Evaluate Ltd의 CEO

"비즈니스에 영감과 활력을 불어넣는 책이다. 읽는 내내 'Yes!'를 외쳤다."

— 케리 허버트 Kerry Herbert

'Happy의 경험과 다양한 산업에서의 많은 사례를 접하며 '행복 경영'의 실천 방법을 쉽게 터득할 수 있었다."

— 리시 쏜퀴스트Lissy Thornquist, International Hotel Group

"모든 관리자와 경영자를 위한 책이지만, 특히 기업의 인사담당자라면 반드시 읽어야 한다. 직원들의 '행복 추구'를 통해 우리는 조직의 잠재력을 최대한 발현시킬 수 있다."

— 폴린 맥도날드Pauline McDonald

"탁월한 경영 철학에 글솜씨까지 갖춘 흥미진진한 책이다. 본문마다 이어지는 마지막 부분의 질문은 내가 다음에 무엇을 해야 하는지를 명확하게 제시한다."

— 앤드류 C R 웨스토비Andrew C R Westoby

《해피 매니페스토》는 2012년 영국에서 처음으로 출간됐다. 꽤 오랜 시간이 지난 이때 한국어판의 출간 소식에 흥분하지 않을 수 없었다.

이 책은 출간되자마자 '영국 올해의 경영 서적UK business book of the year' 최종 후보로 선정됐으며, 책에 제시된 아이디어와 경영 원칙들은 다양한 조직에서 광범위하게 채용됐다.

영국의 디지털 솔루션 회사 파운데이션에스피Foundation SP의 최고경영자 사이먼 그로세Simon Grosse는 이 책 속의 아이디어를 성공적으로 실천했다고 말했다.

"파운데이션에스피는 2년 연속 '소기업부문 최고의 일터'로 선정됐으며, 유럽 전체 3위를 차지했다."•

호주 맥쿼리텔레콤Macquarie Telecom 그룹의 최고경영자 루크 클립톤Luke Clifton은 이 책이 그룹 경영에 미친 영향에 대해 이렇게 설명했다.

"Happy와 함께 행복한 일터를 만드는 데 노력을 경주한 결과 회사는 완전히 환골탈태했다. 매출과 이익이 증가했으며, 순추천고객지수Net Promoter Score는 마이너스 65에서 플러스 60으로 수직 상승했다. 주가는 2년이 채 안 돼 2배 이상 상승했다."

영국의 한 대규모 공공기관은 직원 600명이 자신을 관리할 매니저를 직접 선택한다. NHS** 헬스 트러스트는 이 책의 경영 원칙을 도입했으며, 이를 기초로 전직원이 행복한 병원을 만들어내고자 노력하고 있다. '신뢰와 자유'라는 원칙을 도입하는 조직은 지역 자선단체부터 고속 성장을 구가하는 모험 기업까지 다양하게 확산되고 있다.

시간이 많이 흘렀으니 《해피 매니페스토》의 내용도 바뀌어야 할까? 아직까지는 세월의 시험을 잘 견디고 있다고 믿는다. 여

● 파운데이션에스피는 2016~2017년에 '소기업부문 최고의 일터'로 선정됐으며, 2018년에는 2위를 차지했다. 2020년에는 그간 회사가 성장해 '중기업 부문 최고의 일터' 1위를 차지했다. 또한 '영국 최고의 여성 일터'로도 선정되었다.

●● 정식 명칭은 National Health Service로, 영국판 국민건강보험공단이다.

전히 많은 사람이 이 책에 담긴 아이디어를 활용해 자신의 조직을 변화시켰다고 계속해서 증언하고 있기 때문이다.

행복한 일터를 위한 10대 원칙 중 하나는 관리자를 뽑을 때 '관리에 능한 사람인가'를 기준으로 해야 한다는 것이다. 나는 그 것을 약간은 반어적으로 나의 가장 급진적인 생각이라고 묘사했다. 나는 회사가 2개의 '승진 경로'를 갖고 있어야 한다고 제안한다. 하나는 사람을 관리하고자 하는 직원을 위한 것이고, 하나는 매우 중요한 스킬을 보유하고 있지만 사람 관리에는 소질이 없는 직원을 위한 것이다.

최근에 방문한 한 회사의 직원이 나에게 말했다.

"회사에 첫 출근했을 때 관리자가 말했어요. '나는 사람들과 어울리기를 좋아하는 타입이 아니다. 아마 당신의 이름도 잘 기억하지 못할 것이다. 나는 책상에 앉아 보고서를 쓰는 일에 집중하겠다'고 말이죠."

도대체 왜 이런 사람을 관리자로 임명하는가? 이런 사람은 실제로 책상에 앉아 보고서나 작성하게 해야지 다른 사람을 관리하는 업무를 맡겨서는 안 된다.

관리자의 역할은 전문가가 되는 일이 아니다. 직원들에게 무엇을 하라고 지시하는 것이 아니다. 핵심적인 의사결정을 내리는 일도 아니다. 구글은 '프로젝트 옥시젼Project Oxygen'이라는 사내 리서치 프로젝트를 통해 관리자가 갖춰야 할 자질을 제시했다. 이 중 가장 중요한 자질이 '좋은 코치'가 되는 것이다.●

좋은 코치가 된다는 것은 무엇을 말하는가? 자신이 관리하는 직원들을 신뢰하고 그들과 대화하고 질문하며 스스로 자신의 해법을 찾도록 돕는 것이다. 이 책을 읽는 독자가 관리자라면 그것이 바로 여러분의 역할이다.

한국 기업들은 매우 계층적이라고 들었다. 위계질서가 명확한 조직에서도 좋은 코치가 가능한가? 나는 감히 그렇다고 말할 수 있다. 다만 관리자들이 '뒤로 물러설' 마음자세를 먼저 갖춰야 한다.

영국의 NHS가 좋은 예시다. 이 조직은 전통적으로 위계질서가 분명하고 의사결정은 지지부진했으며 무슨 일이든 도모하려면 몇 단계의 승인 절차를 밟아야 했다. 코로나바이러스감염

● 프로젝트 옥시젼은 2008년에 8대 자질을 선정했으며, 10년만인 2018년에는 2개를 수정하고 2개를 추가해 10대 자질을 소개했다. 그러나 '좋은 코치'는 여전히 가장 중요한 자질의 위치를 지켰다. 상세한 내용은 이곳을 참조하라. https://rework.withgoogle.com/blog/the-evolution-of-project-oxygen/

증-19COVID-19(이하 코로나) 사태가 닥치자 NHS는 과거의 방식으로는 대처할 수 없음을 깨달았다. 이사들의 의사결정에 의존하는 다단계 승인 프로세스 하에서는 코로나 대응에 필요한 변화를 신속히 추진할 수 없었다.

NHS 산하에서 대학병원 체인을 운영하고 있는 BHRUH 트러스트의 최고경영자 토니 체임버스Tony Chambers가 말했다.

"우리는 직원들의 의사결정에 개입하기를 중단했다. 대신 간단히 묻기만 했다. 필요한 지원이 무엇인지를."

진료의사, 간호사를 비롯한 병원 직원들이 이에 호응했다. 한 간호사는 소아과 병동 전체를 하루 만에 옮겼다고 말했다. 단 며칠 내에 새로운 진료지침도 만들었다. 보통 6개월 걸리던 일이다. 3년에서 5년 걸릴 일을 단 2주 만에 해냈다는 무용담도 들었다.

증거는 명료하다. 위계구조는 변화를 방해한다. 다단계 승인 프로세스는 혁신을 저해한다. BHRUH 트러스트의 인사담당자 데이비드 아모스David Amos는 이렇게 말했다.

"우리는 최일선에 책임을 이양했다. 앞으로 우리가 할 일은 책임이 그대로 그 자리에 머물도록 하는 것이다."

삼성 이건희 회장이 의사결정에서 최대 25단계에 달했던 승인 프로세스를 단 3개로 줄인 게 1987년의 일이다. 30년이 지난 지금 삼성은 한 번 더 진화해야 하지 않을까? 사전승인 절차를 도입하면 어떨까. 해법을 미리 승인하는 것이다.

《해피 매니페스토》에는 10대 경영 원칙이 제시돼 있다. 여러분의 회사에 적용해볼 것을 권한다. 다만 이 중 '행복한 일터'에 가장 필수적인 3가지 요소를 꼽는다면 다음과 같다.

1 직원이 가장 잘할 수 있는 일을 하게 하라.

2 직원에게 그 일을 할 수 있는 자유를 부여하라.

3 직원이 최고의 성과를 달성할 수 있도록 코치하라.

자, 이제 일독을 권한다!

헨리 스튜어트

나는 평생 비즈니스 조직의 효율성을 높이는 방안을 연구했
다. 기업이 직원의 몰입도와 성취감을 높이고 생산성을 향상시
킬 수 있는 대안을 제시하고자 노력했다. 그러나 다음의 수수께
끼에 대해서는 쉽게 답을 찾지 못하고 있다.

모든 사람은 매력적이고 활력이 넘치는 직장에서 일하고 싶
어 한다. 우리는 '최고의 일터best places to work'도 개발했다. 많은
연구자가 직원들의 행복도와 몰입도가 높을수록 생산성이 높아
진다는 연구결과를 발표했다. 게다가 우리는 직관적으로 '사람
이 가장 우선'인 직장을 대부분이 선호한다는 사실을 알고 있다.

그러나 절대 다수의 기업은 이에 대해 어리석을 정도로 둔감
하다. 물리적 공간(사무실)은 매우 단조롭다. 많은 직무는 단순

반복적이고 기계적이다. 마치 의도적으로 직무를 그렇게 설계하는 듯하다. 조직 내에는 두려움이 만연해 있다. 스탠퍼드대학교의 로버트 서튼Robert Sutton 교수가 말했듯이 대다수 보스들은 멍청하고 재수 없다.

사람들은 '사람이 우선'인 직장에서 일하고 싶어 하는데 대부분 조직은 이와 정반대로 운영되고 있는 것이다. 이러한 단절은 왜 존재하는가?

많은 부분적 해석이 가능할 것이다. 그러나 문제의 핵심은 사람들이 '행복한 일터'에 대해 아는 것이 별로 없다는 데 있다. 우리는 대부분 관료적이고, 계층적이며, 통제가 일상화된 세계에서 자라왔다. 그래서 그것을 직장생활에서의 운명으로 받아들인다. 이를 참지 않고 벗어나는 유일한 해결책은 프리랜서가 되든지 창업 전선에 나서는 일이다. 실제로 직장을 버리고 이 길을 걷고 있는 사람들이 적지 않다. 일단 '회사라는 조직'을 떠난 사람이 직장으로 복귀하는 일은 매우 드물다.

많은 사람이 이러한 현실을 암묵적으로 받아들이는 것은 우리 사회에 좋은 롤모델이 부족하기 때문이다. 진정으로 매력적인 직장을 쉽게 찾아볼 수 없다는 말이다. 바로 이 대목에서 Happy의 최고경영자 헨리 스튜어트가 빛을 발한다.

2007년 헨리를 처음 만났다. 당시 나는 논문 작성에 참고하고자 헨리에게 인터뷰를 요청했다. 인터뷰는 Happy에서 진행됐는데, 쾌활하고 격식 없는 회사 분위기와 그의 개성에 금방 매료되었다. 헨리는 Happy 창업 이전에 '기업 관료주의'라는 오래된 나쁜 세계를 경험했다. 그래서 결심했다. 자신이 회사를 만들면 완전히 다른 방식으로 경영하겠다고. 결국 그는 성공했다. 사무실을 이곳저곳 기웃거리다 보면 헨리가 무엇을 성취했는지 체감할 수 있다. Happy가 받은 수많은 상도 이를 입증한다.

헨리는 자신만의 독특한 경영 원칙을 만들었다. 그중 일부는 누구나 쉽게 이해할 수 있을 정도로 명백한 것이지만, 일부는 꽤 급진적이다. 그러나 중요한 것은 그의 경영 원칙이 경영사상가한 사람이 임의로 기술한 게 아니라는 점이다. 헨리는 자신의 경영 원칙에 입각해 Happy를 설립하고 운영해왔다. Happy는 영국 최고의 고객 서비스 회사로 선정되고 많은 기업가의 멘토로 꼽힌다. '해피 매니페스토'를 현실에서 멋지게 실천할 수 있음을 증명해낸 것이다.

Happy같은 회사들은 고객이나 직원들에게 많은 가치를 실현해준다. 그러나 이보다 중요한 점은 경제 전체에 미치는 영향이다. 자신이 운영하는 회사를 신바람 나고 성취감 높은 일터로 만들고자 하는 기업가들에게 영감을 주기 때문이다.

물론 헨리 스튜어트의 경영 원칙을 여러분의 회사에 그대로 도입할 수 있는 것은 아니다. Happy 고유의 도전적 과제들을 해결하기 위해 고안된 것이기 때문이다.

헨리의 경영 원칙을 일정 규모 이상의 기업에 적용하기는 어려울 것이라는 의문을 제기하는 사람도 있다. 그러나 이는 핵심을 벗어난 질문이다. 핵심은 우리가 매우 단조롭고 따분하기 그지없는 직장에서 일하고 있으며 대부분의 사람이 대안조차 생각하지 못한다는 데 있다.

우리에게는 참신하고 흥미로운 경영 롤모델이 필요하다. Happy가 바로 그 주인공이다. 이 책을 읽어라. "지금 당장 당신의 조직을 훌륭한 일터로 만들라!"는 헨리의 말에 귀를 기울여라.

줄리안 버킨쇼Julian Birkinshaw,
런던비즈니스스쿨 교수

이런 일터를 한번 상상해보라. 상사의 간섭을 받지 않고 독자적으로 업무를 수행함으로써 사기가 충만하고 에너지가 넘쳐나는 일터. 목표하는 성과를 창출하기 위해서라면 명확한 가이드라인 내에서 무엇이든 시도할 수 있고, 그런 직원을 신뢰하는 일터. 일과 삶의 균형을 추구할 수 있는 일터. 책상에 앉아 있는 시간이 아니라 무엇을 했는가에 따라 평가받는 일터.

어떤가, 이런 회사에서 일하고 싶지 않은가? 이런 곳에서라면 생산성을 최고로 높이면서 즐겁게 일할 수 있지 않겠는가?

훌륭한 회사는 많다. 직원들을 신뢰하고 그들의 성공을 진정으로 돕는 회사들이다. 혁신을 저해하는 관료주의와 다단계 승인 프로세스를 없앤 회사들이다. '최고의 일터'에 선정된 회사들은 직원들이 잠재력을 최대한 발휘할 수 있도록 직장 환경을 구축했다.

그러나 이외에 너무도 많은 기업의 경영이 망가져 있다. 글로벌 설문조사에 따르면 직장인의 21퍼센트만이 자신의 일터에 몰입해 있다고 응답했다.[1] 게리 하멜Gary Hamel 런던비즈니스스쿨 교수●가 지적했듯이 나머지 79퍼센트는 몸만 직장에 있을 뿐 열정과 재능은 집에 두고 다닌다.

이는 엄청난 낭비임에 틀림없다. 그러나 엄청난 기회이기도 하다. 직원들을 직장에 몰입시킬 수만 있다면 생산성이 치솟고 혁신을 가속할 수 있기 때문이다. 그것은 물론 가능한 일이다. 생각해보라. 기업이 비즈니스 개선을 위해 얼마나 많은 돈을 낭비하고 있는지. 위에서 말한 79퍼센트가 열정과 재능을 직장에 쏟아붓게 하는 일은 이보다 훨씬 적은 비용으로 가능하다.

'해피 매니페스토Happy Manifesto'는 변화에 대한 요구다. 보다 나은, 보다 행복한 직장을 만들라는 선언이다. 관리자가 아니라 관리를 받는 직원들의 관점에서 회사를 경영하라는 요구다. 경

● 핵심역량Core Competencies 개념의 창시자. 핵심역량은 '기업의 조직구성원들이 보유하고 있는 기업의 핵심을 이루는 능력'을 의미한다.

영관리 방식을 바꿔서 직원들이 보다 효율적으로 일할 수 있도록 하는 데 노력을 집중하라는 주문이다.

해피 매니페스토의 10대 원칙을 만들기까지 나는 값비싼 대가를 치러야 했다. 참담하게 실패한 사업으로부터 얻은 교훈이었다. 1980년대에 나는 〈뉴스온선데이News on Sunday〉라는 급진적인 중도좌파 일요신문을 설립하는 프로젝트에 뛰어들었다. 650만 파운드에 달하는 거액의 투자를 유치했다. 그러나 창간한 지 겨우 6주 만에 거의 모든 것을 잃었다.

〈뉴스온선데이〉는 재능과 의욕이 넘치는 뛰어난 인재들을 채용했다. 그러나 어처구니없게도 인재들이 자신의 잠재력을 발현할 수 없는 환경을 만들고 말았다. 좋은 이상을 실현하기 위해 신문사를 만들었지만 하루하루 출근하는 일이 끔찍하며 어느 누구도 최고의 성과를 낼 수 없는 직장 환경을 만든 것이다.

나는 원칙이 작동하면서 동시에 효율적이고, 일하기 좋은 회사를 설립하겠다는 결심으로 신문사를 떠났다. 그 회사가 바로 교육전문기업 Happy다. 해피컴퓨터스Happy Computers 사업부는 데스크톱 소프트웨어를 교육한다. 강의식이 아닌 참여형 학습이며 학습 자체가 즐거운 경험이 될 수 있도록 설계했다. 해피피플 Happy People 사업부는 이 책에 기술한 아이디어를 기초로 '행복한 일터'를 만들고자 하는 회사들을 돕는다. 내가 원했던 모든 것을 성취하기 위해서는 아직 갈 길이 멀다. 그러나 설립 후 줄곧 많은 기업을 벤치마킹하면서 Happy는 독특한 조직문화를 만들어 내는 회사로 명성을 쌓아왔다.

훌륭한 일터의 혜택은 광범위하다. 사기가 충만한 직원들은 자발적으로 고객만족도를 높이기 위해 다양한 방법을 고민하고 실행한다. 이직률이 낮으며 병가를 내는 일도 적다. 직원 채용도 쉽다. 결국은 높은 성장률과 수익률로 연결된다. 이는 나만의 독단적인 주장이 아니다. 책을 읽어나가면서 독자들은 직원을 잘 대우했을 때 회사가 재무적으로 어떤 혜택을 누릴 수 있는지 알게 될 것이다. 많은 사례와 증거가 제시돼 있기 때문이다.

해피 매니페스토는 일하는 방식을 간단하게 변화시킬 수 있는 다양한 아이디어와 원칙을 제시한다. Happy를 비롯해 많은 기업이 이를 어떻게 실천했으며 어떤 효과를 거두었는지 보여주는 실증 사례들로 가득 차 있다. 독자가 스스로에게 다음의 질문을 한다면 이 책의 목표는 달성된다.

"나는 과연 행복한 일터를 만들고 있는가?"

행복한 일터를 만들겠다고 결심했다면, 즉각 실행할 수 있는 구체적인 아이디어를 이 책에서 찾을 수 있을 것이다.

차 례

1장 직원이 신나게 일할 수 있도록 신뢰하라

2장 직원의 행복을 최우선으로 생각하라

3장 훌륭한 일터를 만들면 최고의 성과가 창출된다

4장 명확한 가이드라인 안에서 자유를 부여하라

5장 연봉을 포함한 모든 정보를 공유하라

6장 학력, 경력이 아닌 태도를 보고 채용하라

7장 직원의 실수를 축하하라

8장 회사에 도움이 되는 사회공헌 활동을 조직하라

9장 일을 사랑하고, 삶을 얻게 하라

10장 사람 관리에 능한 관리자를 선택하라

직원이 신나게
일할 수 있도록 신뢰하라

훌륭한 경영관리란
무엇인가

본론에 들어가기 앞서 여러분에게 질문을 던지고자 한다. 훌륭한 경영관리great management란 무엇인가? 훌륭한 관리자가 되기 위해 당신이 실행해야 하는 3개 또는 4개의 핵심요소를 아래에 적어보자. 이때 '매니지먼트' 또는 '리더십'이라는 단어는 사용하지 말자. 주어진 질문이 바로 매니지먼트와 리더십이 무엇을 의미하는지를 묻는 것이기 때문이다.

_____   _____

_____   _____

미국과 영국에서 가장 많이 나온 답변은 '좋은 의사소통'이다. '명확한 비전', '결단력', '성실성'이 그 뒤를 잇는다. '지원', '경청하는 기술'도 자주 거론된다. 무엇이 가장 유용한 답변인가를 따져보기 위해 이번에는 다른 각도에서 탐구해보자.

▎당신은 언제 최선을 다해 일했는가

잠시 시간을 거슬러 직원으로서 당신이 최선을 다해 일했던 때를 떠올려보라. 당신이 스스로 성취한 것에 대해 진정으로 만족하고 자긍심을 느꼈던 일을 생각해보라. 그런 사례를 찾아냈다면 다음 질문에 답해보자.

- 특별히 높은 연봉을 받은 때였는가?
- 매니저나 조직과의 의사소통이 원활했던 때였는가?
- 감당하기 쉽지 않은 도전적 과제가 주어졌던 때였는가?
- 조직이 당신을 신뢰하고 당신의 직무를 당신의 방식대로 수행할 수 있도록 자유를 부여했던 때였는가?

나는 강연할 때마다 청중들에게 이 질문을 던진다. 수천 명 이상이 나로부터 똑같은 질문을 받고 고민했을 것이다. 청중들의 답변은 언제나 비슷했다. 연봉이 높아서 성취감을 느꼈다고 손을 든 사람은 거의 없었다. 우리는 모두 일한 만큼 충분한 보상을 받아야 하지만, 그것이 최선을 다해 일하게 하는 결정적 요소는 아니다.

청중의 25퍼센트 정도는 '의사소통이 원활할 때'를 꼽았다. 역시 핵심요소는 아니다. 절반가량은 '도전적 과제가 주어졌을 때'라고 답한다. 그러나 이보다 더 높은 비율로 청중들이 동의한 것은 '조직이 나를 신뢰하고, 그래서 나의 직무를 내가 원하는 방식대로 수행할 수 있는 자유가 주어졌을 때'였다. 이는 조직원들이 최선을 다해 일하는 훌륭한 기업의 실제 사례에서도 입증된다.

대부분의 사람은 일에 있어 '신뢰와 자율'이 가장 중요하다고 생각한다. 당신도 동의한다면 함께 일하는 직원들 역시 마찬가지다. 직원들이 자발적으로 최선을 다해 일하도록 만들고 싶은가? 직원들에게 동기를 부여하고 싶은가? 그렇다면 직원들이 자신의 업무를 스스로 통제할 수 있는 여건을 조성해야 한다. 이것이 이 책의 핵심 내용이다.

질 문

/

회사의 신뢰를 바탕으로 당신 스스로 목표를
달성하는 방식을 찾아냈을 때 최고의 성과를
낼 수 있었다는 게 사실인가?

/

최선을 다해 일할 수 있도록 조직이 당신에게
부여했던 신뢰만큼, 당신은 직원을 신뢰하고
있는가? 만약 그렇게 실천했다면 무엇이 달라
졌을까?

신뢰와 자율은
일의 출발점이다

앞의 두 질문은 실제로는 동일한 문제다. 당신이 최선을 다해 일할 수 있었던 요인은 당신이 관리하는 직원들에게도 해당된다. 훌륭한 경영관리 방식을 묻는 질문에 가장 먼저 떠올리는 답변이 바로 직원들에게 신뢰를 부여하는 것이어야 한다. 그러나 적어도 영국이나 미국에서는 신뢰와 자율의 부여가 일반적이지는 않은 듯하다.

┃ 뒤로 물러나기: 관리가 적을수록 생산성이 높아진다

톰 트리본Tom Tribone의 사례는 내가 자주 인용하는 경영 이야기 중 하나다. 그는 24살의 나이에 직원 130명이 있는 작은 화학 공장을 관리하고 있었다. 별다를 것 없는 경영관리 업무를 수행하면서 얼마간의 시간을 보냈다. 그러던 어느 날 생산통계 하나를 보고 깜짝 놀랐다. 라텍스 구Latex Goo 생산량이 주중에는 월 200만 파운드인데, 주말에는 월 400만 파운드로 두 배나 많았던 것이다. 로버트 워터만Robert Waterman*의 설명을 들어보자.

• • •

톰에게 주말 생산통계는 놀라운 일이었다. 주말에 도대체 무슨 일이 벌어진 것일까? 차이는 단 하나였다. 주중에는 그가 공장에 나타났고, 주말에는 나타나지 않았다. 그가 없는 동안 공장의 생산성이 2배나 높아진 것이다. 톰이 이 사실을 깨닫자 공장은 생산 기록을 계속해서 갱신했다. 톰이 말했다.

● 맥킨지 출신 경영전문가. 톰 피터스Tom Peters와 함께 《In search of Excellence》를 저술했다.

"내가 할 수 있는 가장 효과적인 업무 지시는 주문이 들어오면 그대로 공장에 전달하라는 것뿐이었다. 공장 운영을 가장 잘 아는 사람은 공장 직원들이다. 일단 주문량을 확인하면 내가 간섭하지 않는 한 생산 목표를 달성했다."

– 로버트 워터만, 《The Frontiers of Excellence》 중에서

톰이 나쁜 매니저였다는 말이 아니다. 그는 나름 최선을 다하고 있었다. 정기적으로 공장을 둘러보면서 도울 일이 없나 살펴보고 현장 직원들과 공정 개선 방안에 대해 의견을 나눴다. 공장 직원들을 돕기 위한 선의의 행동이었다. 그러나 실상은 톰의 개입 자체가 일하는 방법을 가장 잘 체득하고 있던 직원들을 방해하고 있었던 것이다.

▌관리자라는 이름의 방해물 제거하기

캐시 부사니Cathy Busani는 Happy에서 일하는 나의 오랜 동료다. Happy에 합류하기 전 캐시는 주택조합에서 일했다. 주택조합에는 주택관리인들의 서류 작성을 돕는 타이핑서비스팀*이 있

었고 한 명의 매니저가 관리했다. 주택관리인 부서에도 한 명의 매니저가 있었는데, 하는 일이 주로 타이핑서비스팀 매니저와의 업무 협의였다. 주택관리인들이 수기로 작성한 서류나 녹음테이프를 갖고 오면 타이핑서비스팀 매니저와 작업량 및 마감시간을 놓고 협의한다.

두 매니저는 정기적으로 만나 부서 간의 업무 협조 규칙을 정했다. 그러나 어찌된 일인지 협조가 제대로 이뤄지지 않았다. 두 팀 모두 서로에게 불만이 팽배했다. 타이피스트들은 주택관리인들이 지나치게 많은 것을 요구한다고 주장했고, 주택관리인들은 타이피스트들이 서류를 제때 작성해주지 않는다고 불평했다.

캐시에게 이 상황을 해결하라는 과제가 주어졌다. 캐시는 문제를 전혀 새로운 방식으로 풀어나가겠다고 마음먹었다. 그리고 두 부서를 설득했다. 매니저들의 업무 협의를 없애고 두 부서의 직원들이 직접 대화하도록 했다. 효과는 즉각 나타났다. 타이피스트는 주택관리인의 어려움을, 주택관리인은 타이피스트의 어려움을 이해하게 됐다. 절대적인 관리 기준을 만들 필요도 없

● 일부 독자들은 이 개념에 익숙지 않을 것이나 컴퓨터시대 이전에는 타자기로 문서작업을 했고, 각 부서마다 타이피스트들이 근무했다.

었다. 서로가 어느 부분에서 양보할 수 있는지, 상대방의 지나친 업무 부담을 어떻게 줄일 수 있는지 머리를 맞대고 논의했다.

주택관리인들은 타이피스트 업무를 이해하고 긴급한 서류작업이 있을 경우 어떻게 협조를 요청할 수 있는지 알게 됐다. 타이피스트들 역시 주택관리인의 업무를 이해하고 긴급한 도움이 필요한 경우의 해결 방법을 찾게 됐다. 그렇다고 매니저들의 할 일이 없어진 것은 아니다. 부서 간 충돌에 대한 걱정을 잊고 매니저로서 진짜 해야 할 일, 즉 직원들을 돕고 지원하는 일에 더 많은 시간을 투자하게 됐다.

오늘날 타이핑서비스 부서는 어느 회사에서도 볼 수 없는 과거의 유물이다. 젊은 독자들은 그게 무엇인지 이해하지도 못할 것이다. 그러나 이 사례는 관리자들이 저지르는 아주 흔한 실수를 잘 보여준다. 많은 관리자가 조직의 다른 부서에서 오는 비상식적이고 비합리적인 기대와 요구로부터 '내 식구'를 보호하는 것이 자신의 역할이라고 믿고 있다. 예를 들어 데이터분석팀장은 "마케팅팀에서 엉뚱한 자료를 요구했는데 내가 잘라버렸어"라며 으스댄다.

관리자들은 회사 내 윗선으로부터 부당하거나 과도한 요구가 있을 경우 직원들을 보호해야 한다. 그러나 타이핑서비스팀 사례에서 보듯이 직원을 대신해서 개입할 경우 업무의 유연성을 떨어뜨릴 뿐 아니라 모든 이해당사자가 만족할 수 있는 해법을 찾는 일을 방해할 수 있다.

질 문

／

당신은 얼마나 직원들의 일하는 방식에 세세하
게 개입하고 있는가? 특히 어떤 분야에서 그런
가?

／

어떻게 하면 당신이 개입하지 않고 직원들이
일하는 방식을 스스로 결정하도록 도울 수 있
을까?

사전승인
: 오너십은 직원에게

나는 훌륭한 경영관리는 직원들이 자율적으로 업무를 수행하도록 간섭하지 않는 것이라고 강조해왔다. 이를 즉각 실행할 수 있는 방법을 제안해보겠다.

직원들에게 특정한 문제를 해결하고, 신제품 아이디어를 제출하거나 제품을 개선하도록 요구하면서 해법을 찾아서 보고하도록 한 경험이 있는가? 다음에는 같은 일을 지시하면서 미리 사전에 승인하면 어떨까? '사전승인'은 과제를 부여하면서 직원들에게 보고하지 말고 바로 실행하라고 말하는 것이다. 직원의 해법을 사전에 점검하거나 승인하는 절차를 없애는 것, 즉 과제는 주된 과제를 해결하는 방법과 실행에 관한 한 직원들에게 전권을 부여하는 것을 말한다.

관리자들은 일반적으로 사전승인 아이디어를 좋아하지 않는다. 일부는 두려워하기도 한다. 그러나 잠시 생각해보자. 사전승인은 직원들이 자신의 업무를 진지하게 수행함에 있어서 어떤 영향을 미칠까? 우리가 발견한 즉각적인 효과는 조직 내 정치가 없어지고, 해법을 보기 좋게 꾸며서 프리젠테이션 하는 것과 같은 부가적인 일이 없어진다는 점이다. 그렇다면 사전승인이 경영관리나 기업문화 측면에서 더 바람직한 일이 아닌가?

사전승인과 직무수행에는 어떤 관계가 있을까? 다시 말해 직원들이 주어진 과제를 해결할 확률을 높일 것인가, 낮출 것인가? 생각해보자. 주어진 과제에 대해 누가 오너십을 갖는가? 사전승인 하에서 말이다. 답은 관리자가 아니고 직원이다. 누구보다도 현장에서 일하는 직원들이 책임감을 갖고 일을 이끌어가게 해야 한다. 그러면 직원들은 자신이 제시한 해법이 올바른 것이었음을 입증하기 위해 더 많은 시간과 노력을 투자하게 될 것이다. 설령 실패하더라도 제3자를 탓할 수 없다. 관리자의 지시나 조언이 잘못됐었다고 말할 수도 없다. 사전승인 하에서는 그 자체가 없기 때문이다.

명확한 가이드라인, 즉 지침은 필요하다. 관리자들은 우선 예산을 명확히 배정해줘야 한다. 업무 수행과 관련해 관리자들이 갖고 있는 중요한 핵심 정보도 직원에게 미리 공유해야 한다. 관리자들의 못된 버릇이 하나 있다. 매우 중요한 정보임에도 불구하고 직원들과 공유하지 않고 있다가, 프로젝트가 실패하면 그것도 알지 못했느냐며 직원들을 질책한다. "그러니 너는 실패할 수밖에 없었어"라고 비난한다.

좋은 관리자라면 프로젝트에 영향을 미칠 수 있는 정보를 모두 공유해야 한다. 또한 사내 어떤 직원이나 어떤 부서가 프로젝트로 영향을 받을 수 있는지도 알려줘야 한다. 그래야 과제를 수행하는 직원이 이들과 미리 문제를 협의할 수 있기 때문이다.

사전승인은 직위고하를 막론하고 회사 내 누구에게든 적용할 수 있다. 얼마 전 두 명의 퇴사자를 면담한 일이 있다. 우리 회사에서 가장 좋았던 점을 묻자, 이구동성으로 답했다. 일하는 방법을 스스로 찾도록 회사가 신뢰해줬다는 점, 복잡한 승인 절차를 거치지 않고 계획을 실행에 옮길 수 있었다는 점을 들었다.

한 명은 안내데스크 직원이었다. 그녀에게 회사를 방문한 고객들이 "내가 환영받는구나" 하는 기분을 느낄 수 있도록 리셉션룸을 새롭게 꾸미는 일을 요청한 적이 있다. 먼저 예산을 배정하고, 예산 내에서 할 수 있는 일을 생각해보라고 했다. 일단 그녀가 회사 브랜드와 조직문화를 충분히 터득했다는 판단이 들었을 때 사전승인을 내렸다. 결과는 대성공이었다.

또 한 명은 사내 카페 직원이었다. 그녀가 근무하는 동안 카페는 끊임없이 변화했다. 새로운 아이디어를 지속적으로 실험할 수 있었던 것이다. 물론 승인이 필요 없었다. 두 사례 모두에서 나는 안내데스크와 카페가 변한 모습을 보고서야 직원들의 아이디어가 무엇이었는지 알 수 있었을 뿐이다.

비록 작은 변화에 관한 것이지만 중요한 사례라고 생각한다. 직원 한 명 한 명이 복잡한 승인 절차를 밟을 필요 없이 고객에 도움이 되는 작은 변화를 마음껏 시도할 수 있다면 그것이 바로 진정한 '지속적 개선'의 원천이 된다.

사전승인은 조직문화에 긍정적인 영향을 미친다. 조직원 모두에게 오너십과 책임감을 갖게 한다. 혁신을 촉진하고 아무리 도전적인 과제라도 해결책을 찾아내는 능동적인 문화를 창출한다.

▎사전승인에 대한 두려움

사전승인을 했음에도 내가 무척 걱정했던 프로젝트가 하나
있다. 2001년 Happy의 웹사이트를 만들 때 일이다. 우리 회사
에는 광고 예산이 없다. 영업사원도 없다. 대부분 매출은 입에서
입으로 전해지는 추천으로 이뤄진다. 유일한 외부 마케팅 수단
이 있다면 웹사이트다. 많은 잠재적 고객들은 웹사이트를 통해
Happy를 처음 접한다. 따라서 웹사이트에는 우리가 추구하는
가치가 잘 녹아들어 있어야 한다.

이전에도 몇 차례 웹사이트 구축 프로젝트가 있었지만 결과
는 신통치 않았다. 웹사이트만을 담당하는 직원들도 있었다. 그
러나 웹사이트가 중요하다는 강박관념으로 인해 나는 뒷짐을 지
고 앉아 있지 못했다. 이것저것 세세하게 간섭했다.

결과는 언제나 만족스럽지 않았으며, 웹사이트 담당 직원들
도 자신이 원하는 방식으로 웹사이트를 구축할 수 있다고 생각
하지 않았다.

나는 비로소 깨달았다. 내가 주변에, 또는 강연할 때마다 추
천했던 일하는 방식을 나 스스로 실천하지 않고 있었던 것이다.
더 이상 사전승인한 일에 개입하지 않겠다고 다짐했다. 나부터

사전승인을 제대로 작동시켜야 한다고 결심했다.

고객 서비스팀 4년차 직원이면서 웹사이트 개발 경력자인 조니 레이놀즈Jonny Reynolds에게 일을 맡겼다. 매우 타이트한 예산을 배정하고 밝은 노란색을 비롯한 Happy의 브랜드 요소를 잘 반영해야 한다는 지침을 주었다. 당시 Happy는 브랜드 리뉴얼 작업을 막 마친 상태였다. 산세리프sans serif 서체를 사용하라는 것을 포함한 한두 개의 세부 지침이 가이드라인의 전부였다.

조니가 필요한 역량을 갖추도록 지원하는 일도 잊지 않았다. 영국 최고의 SEOSearch Engine Optimization 코스에 조니를 등록시켜 소셜미디어 전문가들과 교류할 기회를 제공했다. 새로운 웹사이트를 어떤 기준에서 평가할 것인지, 최적화시켜야 하는 핵심 단어들이 무엇인지에 대해서도 서로 합의했다. 그럼에도 나는 사이트 개발 계획과 상세 레이아웃을 살펴보고 싶은 유혹과 싸워야 했다. 결국은 참아냈다. 웹사이트를 처음 본 것은 새로운 웹사이트 오픈 이틀 전이었다.

조니가 과제를 훌륭하게 수행해낸 것이 분명했다. 직원과 고객들의 피드백이 모두 긍정 일색이었다. 이전에는 'Happy'라는 단어를 직접 입력해야 구글에서 우리 웹사이트를 검색할 수 있었다. 이제는 관련 검색어인 'Excel training London', 'BSL signer job[•]만 입력해도 우리 웹사이트를 바로 찾아볼 수 있다. 내가 조니의 프로젝트에 개입하지 않은 것이 성공의 열쇠였다. Happy가 새 웹사이트의 덕을 톡톡히 본 것은 물론이다.

● 선하증권 Bills of Landing 관련 직무. 당시에 Happy가 채용공고를 냈던 직무다.

질 문

/

지금 당장 또는 가까운 시일에 직원이나 팀에
게 사전승인할 수 있는 일은 무엇인가? 아주 사
소한 것부터 시작해도 좋다.

/

사전승인한 업무를 수행하기 위해 직원이 알아
야 할 것이 무엇이고, 누구와 업무협의를 해야
하며, 회사는 어떤 자원을 제공해야 하는가?

직원의 아이디어가 관리자의 책상을 거치지 않게 하라

• • •

BP*에서 리더십 개발을 위해 어떤 역할을 했느냐고 누군가 질문하면 나는 주저 없이 답한다. 도움을 요청한 직원에게 내가 도울 수 없으니 스스로 해법을 찾아내라고 말했다고. 답을 알고 있을 때조차 나는 조언해주지 않았다.

– 사이먼 경Lord Simon, BP 최고경영자(1992~1997년)

• 영국에 본사를 둔 다국적 석유회사다.

어느 날 Happy의 프리랜서 강사 한 명이 나에게 이메일을 보냈다. 최근 회사가 실행한 세 가지 변화로 인해 직장생활이 편해졌다고 감사하는 내용이었다. 세 가지 변화? 어리둥절했다. 그러한 변화가 있었는지조차 모르고 있었기 때문이다. 게다가 만약 나에게 승인을 요청했다면 그중 두 개는 퇴짜를 맞았을 것이 분명했다.

회사의 교육 시스템은 대부분 내 손을 거쳐 만들어졌다. 내가 일하는 방식을 모델로 교육 시스템을 디자인했다. 따라서 누군가 이를 고치려 하면 우선 반대하는 쪽으로 마음이 가게 된다. 대부분 관리자들이 그렇다. 누구나 자신의 업적이 훼손되는 것을 싫어한다.

직원이 어떤 제안서를 내 책상에 제출하면, 무슨 내용인가 궁금해서라도 읽어보게 된다. 읽지도 않고 OK 사인을 내기는 어렵다. 문제는 일단 제안서를 읽으면 뭔가를 '개선'해야겠다는 유혹을 뿌리치기 어렵다는 데 있다. 자, 우리 모두 솔직해져보자. 입장을 바꿔서 당신의 아이디어나 제안이 윗선에서 '개선' 당한다면 어떤 기분이 들겠는가?

완벽하게 훌륭한 제안서를 원안 그대로 살아남게 하는 유일한 방법을 나는 깨달았다. 그래서 여러분에게 추천한다. 바로 새로운 아이디어가 '당신의 책상을 거치지 않게 하라'는 것이다. 승인 절차를 아예 없애버려라.

많은 관리자가 승인 절차를 폐지하는 일은 말처럼 쉽지 않다고 주장한다.

"지식과 경험을 갖춘 전문가들의 조언이 없으면 실패 확률이 높아진다."

여기서 말하는 전문가란 바로 관리자 자신을 지칭한다. 물론 관리자들이 프로젝트의 성패를 좌우할 수 있는 중요한 정보를 갖고 있을 수 있다. 그런 경우라도 승인 절차가 반드시 필요한 것은 아니다. 관리자들이 중요한 정보를 미리 공유한다면 실무자들이 이를 숙지해서 좋은 결정을 내릴 수 있다.

모든 것을 직원 뜻대로 하게 내버려두라는 말이 아니다. Happy에는 원칙이 있다. 회사 외부와 관련된 프로젝트의 경우 회사 내 누군가의 검증을 받는 절차를 거치라는 것이다. 반드시 직속 상사나 관리자로부터 조언을 받아야 하는 것이 아니며 승인을 받으라는 것도 아니다. 외부 고객과 관련된 중요사항임으로 다수의 의견을 듣고 신중한 결정을 내리라는 의미다.

| 직원들을 신뢰하고 지원하라

몇 년 전, 꽤 큰 규모의 캠페인 조직과 일할 기회가 있었다. 조직의 효율성 개선을 위한 컨설팅 프로젝트였다. 시작하자마자 대다수 직원들의 사기가 땅에 떨어져 있음을 알게 됐다. 예를 들어 보도자료나 성명서를 발표할 때 직원들이 독자적으로 할 수 있는 일이 하나도 없었다. 반드시 몇 단계에 걸친 승인 절차를 밟아야 했다.

어느 직원이 솔직히 고백했다. 의도적으로 엉뚱한 내용을 보도자료에 끼워 넣어봤다고. 복잡한 승인 절차를 거치면서 과연 윗선 중 누가 그것을 걸러내는지 알아보기 위해서였다고 말했다. 결국 보도자료를 배포하는 직원은 그 내용에 대해 책임지지 않았다. 제대로 작성한 보도자료를 내는 것은 누군가 다른 사람의 업무였던 것이다.

이 조직의 간부들도 문제를 인식하고 있었다. 그러나 도무지 개선할 생각이 없었다. 오히려 윗선에서 검증에 검증을 거쳐야 하는 이유를 정당화시키기에 급급했다. 설명에 따르면 캠페인 조직의 특성상 외부로 나가는 모든 정보는 정확해야 하며 일관성 있고 가치중립적이어야 한다. 실무자가 만든 자료에서 적지 않은 실수, 잘못된 정보를 간부들이 발견해낸다는 사실 자체가 복잡하지만 여러 단계의 승인 절차가 필요함을 입증한다고 주장했다.

여기서 딜레마가 발생한다. 다단계 승인을 받아야 하는 직원들의 사기는 추락하고, 업무에 대한 오너십은 사라진다. 중요한 사실을 검증하는 일에도 소홀해진다. 그렇다고 실무자들이 자기 책임 하에 보도자료를 배포하게 하자니 간부들은 조직의 명성이 훼손될 것을 염려한다.

Happy에는 '경영은 재미있다Management is Fun'라는 제목의 강좌가 개설돼 있다. 캠페인 조직의 관리자 모두에게 이 강좌를 수강하게 했다. 강좌가 끝날 때쯤 급진적인 변화가 나타났다. 관리자들이 모든 승인 절차를 폐지하기로 결정한 것이다. 관리자들은 이와 함께 조직이 직원들에게 기대하는 것, 직원들이 점검해야 할 사항, 자신이 없을 경우 조언을 어디서 구할 수 있는지, 컨설팅이 필요하다면 누구에게 받을 수 있는지 등을 상세하게 설명했다. 그러면서 최종적인 책임은 직원 개개인에 있음을 명확히 했다.

이러한 조치는 매우 중요하다. 관리자들은 단순히 직원들이 보도자료를 마음대로 쓰게 한 것이 아니다. 직원들이 업무를 수행함에 있어서 반드시 알아야 할 것들, 즉 직원들은 모르지만 승인을 내리고 있던 관리자들이 알고 있었던 것이 무엇인지를 명확히 알려준 것이다.

당시 이 캠페인 조직의 대표는 데이비드 불David Bull이었다. 승인 절차 폐지 후 어떤 변화가 있었는지 물었다. 그는 매우 긍정적으로 평가했다.

"여전히 몇몇 관리자들이 자신의 자문을 꼭 받아야 했는데 그냥 넘어갔다는 등의 불만을 제기한다. 그러나 승인을 둘러싼 잡음은 거의 사라졌다. 무엇보다 관리자들은 시간을 엄청나게 절약할 수 있었다. 관리자들은 이제 승인 업무가 아니라 직원들을 지원하는 데 많은 시간을 투자하고 있다. 직원들도 관리자를 감시하는 사람이 아니라 도움을 주는 고마운 존재로 느끼고 있다.

간부들은 이제 조직의 큰 그림을 그리는 데 노력을 집중하고 있다. 그 결과 조직의 목표도 보다 명확해졌다. 사기는 진작됐고 매니지먼트 자체가 재미있는 일이 됐다. 공개된 자료의 질도 점진적으로 개선되고 있다. 직원들이 자신감을 회복함에 따라 혁신과 창의가 넘치는 조직으로 변모했다."

데이비드는 후에 영국 유니세프Unicef UK 총재가 됐다. 몇 해 가 지났지만 그는 이 일로 관리자의 업무가 어떻게 바뀌었는지 증언하는 일을 멈추지 않았다. 이전에는 직원들이 만든 자료의 정확성을 확인하느라 시간의 대부분을 허비했다. 리서치 담당 직원이 할 일을 관리자가 했던 것이다. 그러나 승인 절차를 없애 자 관리자들은 관리자 본연의 업무, 즉 전략적 의사결정과 직원 을 지원하고 코칭하는 일에 몰두할 수 있게 됐다.

이 경험을 바탕으로 데이비드가 영국 유니세프에 도입한 것 이 '경영관리 일반원칙'이다. 핵심 내용은 목표와 기준에 대해 명 확히 합의하면 관리자는 직원들을 신뢰하고 자율을 부여한다는 것이다. 그가 설명하듯이 신뢰와 자율에는 책임이 뒤따른다.

"성공은 축하받아야 하고 조직 내에 널리 알려져야 한다. 그 러나 실패했다면 이를 부인하거나 속죄양을 찾아 비난하려 해서 는 안 된다. 실패를 겸허히 받아들이고 실패에서 배운 것을 바탕 으로 스스로를 개선할 수 있어야 한다."

데이비드는 경영관리 일반원칙을 토대로 관리자의 역할을 이 렇게 설명한다.

"이 원칙을 실행하면 '이건 내 잘못이 아니야. 관리자가 나를 제대로 관리해야 했어'라며 상사를 비난할 수 없다. 관리자의 직무는 직원을 지원하고, 코칭하고, 조언하는 것이다. 관리자는 직원의 잘못을 책임지는 사람이 아니다.

경영관리 일반원칙은 하나의 신념에 기초하고 있다. 신뢰와 상호협력의 환경이 직원들의 최대 역량을 이끌어낼 수 있다는 것, 우리가 '무엇을 달성하는가' 못지않게 '어떻게 일하는가'도 중요하다는 믿음이다.

또한 우리가 추구하는 가치를 직원들이 명확하게 이해하고 이를 실현하는 데 각자가 최선을 다하는 것, 조직이 성장하고 변화하더라도 그 가치를 보호하고 확장시켜야 한다는 것을 전제로 한다."

질 문

/

당신 또는 경영진이 승인 업무에서 손을 떼기
위해 직원들과 공유해야 할 지식은 무엇인가?

/

직원들에게 이러한 지식을 어떻게 전달하고 숙
지시킬 것인가? 그리고 언제 실행에 옮길 것인
가?

의사결정 구조가
혁신에 기여하고 있는가

많은 청중이 모인 강연 때마다 나는 곧잘 "현재 일하고 있는 회사가 더 혁신적으로 변모하기를 원합니까? 그렇다면 손을 들어 주세요"라고 말한다. 거의 모든 사람이 손을 든다.

이어서 회사의 승인 절차가 혁신적으로 일하는 데 도움이 된다고 생각하면 계속 손을 들고 있으라고 말한다. 그러면 한두 명을 제외하고 모두 손을 내린다. 청중이 일선 현장의 실무직원들이든 고위 간부들이든 결과는 똑같다.

이것이 조직의 현실이다. 새로운 아이디어, 새로운 제품, 새롭게 일하는 방식을 생각해내라고 직원들을 닦달한다. 그러나 정작 아이디어를 내면 조직 내 의사결정 과정에서 무시당하기

일쑤다. 입으로는 혁신을 말하면서 동시에 혁신을 시도하는 것 자체가 무의미한 일이라는 명확한 메시지를 직원들에게 보내는 것이다.

▌경영진에 승인을 요청하면 벌어지는 일

● ● ●

의료자선단체 도움센터 직원들이 Happy 워크숍에 참가했다. 주로 당뇨병 환자나 환자 주변의 친지들에게 전화를 걸어 당뇨병에 관한 정보를 제공하는 것이 이들의 업무다.

직원들의 사기는 매우 높았으며 언제나 최선을 다해 일하고자 했다. 워크숍에 참가한 이유도 자신들이 하는 일을 더 잘하기 위해서 였다. 환자나 환자 주변의 친지들로부터 제대로 된 피드백을 받아 업무를 개선하고자 했다. 열띤 토론 끝에 5개 항목으로 구성된 '피드백 질문지'가 완성됐다.

이를 자선단체 경영진에 승인을 요청했다. 그러자 이 부서 저 부서로 질문지가 오가면서 상위 관리자들이 개입했다. 한 달이 지나서야 경영진의 중지를 모은 수정안이 전달됐다. 직원들은 경악을 금치 못했다. 질문 항목이 5개에서 30개로 늘어난 것이다. 전화상담 후 추가로 30개의 질문을 던진다? 터무니없는 일이다. 일을 더 잘해보고자 하는 직원들의 노력은 수포로 돌아갔다. 피드백 도입은 백지화되고 직원들의 사기는 추락했다.

극단적인 사례라고 생각하는가? 그러나 강연할 때마다 청중들은 이 이야기를 듣고 힘차게 고개를 끄떡인다. 자기네 회사에서도 비슷한 일이 벌어지고 있다는 암시다.

승인이나 검토를 요청받으면 무엇인가 첨삭을 해야 한다고 느끼는 게 인간의 본성이다. 관리자들은 회사에서 자신의 역할을 정당화시키기 위해서든 진실로 돕고 싶은 마음에서든 원안에 손을 데고 만다. 이것을 어떻게 깰 수 있겠는가? 직원들이 만든 제안서가 승인을 얻기 위해 다른 사람들의 책상을 오가는 일 자체를 원천봉쇄하는 길밖에 없다.

질 문

/

회사의 의사결정 구조에 대해 생각해보라. 새로
운 아이디어를 장려하는 구조인가, 아니면 그것
을 죽이는 구조인가?
(힌트: 직원들이 어떻게 생각하는지 물어보라.)

/

직원들이 자신의 훌륭한 아이디어를 지체 없이
실행에 옮길 수 있게 하려면 무엇을 해야 할까?

불복종을 장려하라

오래전 우리 회사가 이러닝e-learning 분야 진출을 검토할 때 일이다. 인터넷 붐과 함께 많은 전문가들이 이제 강의실 교육은 쇠퇴하고 온라인 학습 시대가 열릴 것이라고 예측했다. 직원인 루시 브레이크Lucy Blake에게 이러닝 옵션을 개발하고 Happy만의 접근법을 찾아달라고 주문했다.

나의 복안은 이러닝 프로그램을 위해 독자적인 교재를 만들지 않겠다는 것이었다. 훌륭한 교재가 세상에 깔려 있는데, 왜 구태여 많은 비용을 들여가면서 교재 사업에 뛰어들어야 하는지 이해되지 않았다. 인터넷 온라인 교육 포털만 잘 만들면 된다고 믿었다. 루시에게도 이러한 생각을 분명히 전달했다.

사내외에서 광범위한 자문을 구한 후 루시는 2개월 뒤 이러닝 사업 모델을 완성했다. 그런데 나의 생각과 180도 다른 내용이었다. 그는 우리가 독자적인 교재를 개발해야 한다고 말했다. 루시는 주도면밀했다. 프로젝트를 진행하는 동안 내 의견을 한 번도 묻지 않았다. 의도적이었다. 반대할 것이 분명했기 때문이다. 그녀가 믿었던 것은 내가 이러닝 해법을 찾아달라고 부탁했다는 사실 하나였다.

루시의 사업 모델은 그 후 8년간 Happy 온라인 교육사업의 근간이 됐다. 그녀 덕분에 국민건강서비스인 NHS와 100만 파운드 규모의 교육 계약을 체결할 수 있었다. 노동연금부로부터 약 50만 파운드 규모의 교육 사업도 수주했다. 내 생각대로 사업 모델을 구축했다면 결코 수주할 수 없었을 것이다.

여기서 핵심은 루시가 회사의 문화를 충분히 이해하고 있었다는 점이다. Happy에서는 상사의 지침을 따르는 것보다 훌륭한 해법을 찾아내는 일이 더 중요하다. 나는 보통 직원들에게 무엇을 하라고 지시하지 않는다. 만약 그렇게 한다면 스스로 각오해야 한다. 지시를 받은 직원이 완전히 다른 새로운 것을 들고 나타날 확률이 높다는 점을 말이다. Happy에서는 고객에게 도움이 되고, 필요한 성과를 달성하는 데 더 좋은 방법이라면 대표인 나의 지시도 무시한다.

구글의 2대 수입원인 애드센스Adsense도 불복종이 낳은 히트작이다. 2002년 당시 구글의 지메일Gmail은 개발 초기 단계였다. 2명의 구글 엔지니어, 폴 북하이트Paul Buchheit와 마리사 메이어Marissa Mayer가 지메일 개선 작업을 진행하고 있었다. 그런데 두 사람의 개발 방향이 완전히 달랐다. 폴은 문맥인식광고context-sensitive advert*를 선호한 반면, 마리사는 효과적이지 않을 것이라며 반대했다. 구글 공동창업자인 세르게이 브린Sergey Brin도 문맥이 아닌 키워드 검색광고를 선호했다. 결국 폴은 문맥인식광고 개발 포기에 동의했다.

그러나 사실 폴은 생각을 굽히지 않았다. 2002년 어느 날 밤새워 작업한 끝에 이메일 내용에 따라 광고를 노출하는 문맥인식광고의 작업버전을 만들었다. 다음날 문맥인식광고가 작동하는 것을 본 세르게이와 또 다른 공동창업자 래리 페이지Larry Page는 대만족했다고 전해진다. 회사의 지침을 거스른 폴의 결단이 구글에 수십억 달러의 광고 매출을 창출해준 것이다.[1]

● 웹사이트에 게재된 내용 및 문맥과 연관성 높은 광고를 자동으로 노출하는 인터넷 광고기법.

핵심은 회사의 조직문화다. 위로부터의 혁신은 드물다. 오히려 회사의 고위간부들이 변화의 걸림돌이 되는 경우가 비일비재하다. 변화는 용기 있는 한 명 또는 소수로부터 시작된다. 이들은 회사의 지시나 요구를 거스르더라도 새로운 아이디어를 시도할 용기를 갖춘 사람들이다. 그들도 종종 실패한다. 그러나 위의 사례들에서 보듯이 화려하게 성공하기도 한다.

질 문

/

당신의 회사는 관리자의 지시에 반하더라도 직
원들이 혁신을 추구하는 것을 장려하는 문화를
갖고 있는가?

/

그런 문화를 만들기 위해서 당신은 무엇을 할
수 있는가?

똑똑한 경영자의 신화
: 보스 바꾸기의 교훈

2004년 영국 TV 채널4에서 〈보스 바꾸기Boss Swap〉라는 프로그램을 제작했다. 2004년 첫 방송된 〈아내 바꾸기Wife Swap〉라는 리얼리티 프로그램으로 재미를 본 채널4가 유사한 포맷으로 기획한 것이다. 두 명의 부인을 바꾸는 대신 두 회사의 보스를 바꾸는 내용이었다. 프로그램은 세 쌍의 보스 바꾸기를 시도했다. 6명의 보스가 참여했는데, 5명이 제대로 적응하지 못하는 결과가 나타나서 단 3회 만에 서둘러 종영됐다.

문제는 회사를 바꾼 보스들이 자신의 역할을 잘못 설정한 데 있었다. 역할을 바꾼 회사로 출근하자마자 마치 모든 것을 다 알고 있다는 듯 잘못을 지적하고 곧바로 업무 개선 지시를 내렸다.

그런데 사실 그들은 새로운 회사에 대해 아는 바가 전혀 없었다. 반면에 직원들은 산전수전 다 겪은 베테랑이었다. 그러니 새 보스의 지시가 먹힐 리 없었으며 직원들의 사기만 추락시켰다.

단 한 명의 보스만이 전혀 다른 방식을 택했다. 새 회사에 도착하자마자 공장으로 향했다. 작업현장을 둘러보며 직원들의 아이디어와 생각을 들었다. 업무수행 방식에 대한 설명을 듣고 업무 개선에 대한 의견도 청취했다. 그러면서 자신이 무엇을 도와야 하는지 솔직히 말해줄 것을 요청했다. 6명의 보스 중 유일한 성공 사례다.

관리자들은 자신이 다른 사람보다 똑똑해서 그 위치에 올랐다고 믿는다. 의식적이든 무의식적이든 그렇게 생각한다. 자신이 해야 할 가장 중요한 역할이 일하는 방식을 개선시키는 것이라고 믿는다. 자기 주도로 뭔가를 꼭 해내야 한다는 강박관념이다. 이는 스트레스 지수를 스스로 높이는 것이다.

꼭 그래야 하는가? 아니다. 훌륭한 대안이 있다. 직원들을 지원하고 그들이 올바른 결정을 내리도록 돕기만 하면 된다. 큰 혜택은 관리자의 역할에서 오는 스트레스 중 핵심요인을 즉각적으로 제거할 수 있다는 것이다.

영국의 유명 유기농식품 유통회사 아벨앤콜Abel & Cole의 최고 경영자 엘라 힉스Ella Heeks는 재임 중 연매출 50만 파운드의 작은 회사를 2,000만 파운드 회사로 성장시켰다. 그녀의 이야기를 들어보자.•

• • •

"나는 모든 업무에 시시콜콜 간여했다. 내가 가장 잘 알고 있다고 생각해서 그런 것은 아니다. 그렇게 하는 것이 최고경영자로서 내가 할 일이라고 생각했을 뿐이다. 직원들이 어려움을 겪지 않도록 모든 문제를 내가 처리해야 한다고 믿었다.

어느 날 계산해보니 나는 일주일에 80시간을 일하고 있었다. 바로 이때 Happy 프로그램에 참여했다. 눈이 번쩍 뜨였다. 아! 내가 잘 못하고 있구나. 회사로 돌아와서 모든 것을 바꿨다. 더 이상 무엇을 지시하지 않았다. 대신 직원들과 마주앉아 대화했다. 직원들의 생각을 들었다. 무엇이 문제고 어떻게 해결해야 하는지. 일단 문제를 정의하고 해결할 과제를 합의하면 일체 간여하지 않았다. 실행은

● 아벨앤콜의 현재 매출은 약 1억 달러로 추산된다. 여전히 유기농전문점의 맥을 이어나가고 있다.

온전히 직원 몫이 됐다.

나는 삶을 되찾았고 직원들의 행복감은 높아졌다. 직원들의 의사결정 수준도 내가 내리는 것보다 더 훌륭하면 훌륭했지 결코 나쁘지 않았다."

400명 이상이 모인 의료규제기관 컨퍼런스에서 이와 관련한 테스트를 진행한 적이 있다. 전자 투표 방식을 이용해 청중들에게 생각을 물었다.

"당신이 보기에 당신 보스에게 필요한 자질은 무엇인가?"

1 유능한 것이 가장 중요하다.
2 직원을 잘 지원하는 것이 가장 중요하다.

우리는 유능하고도 직원에 대한 지원을 아끼지 않는 상사를 선호한다. 그러나 둘 중 하나를 선택해야 하는 질문에서 유능함을 택한 청중은 32퍼센트에 불과했다. 68퍼센트가 '지원을 아끼지 않고 도움이 되는' 상사가 중요하다고 답했다. 한 청중이 손을 들고 말했다.

"상사가 우리를 충분히 잘 지원하기만 하면 유능하지 않아도 문제없습니다. 상사가 잘못을 저지른 경우라도 우리가 나서서 수습할 수 있기 때문이죠."

회사에 가서 직접 질문해보라. 대부분 조직에서 지원을 잘하는 상사가 유능한 상사보다 낫다는 답변을 얻을 것이다.

질 문

/

직원들에게 최선의 업무수행 방식을 지시하는
것이 당신의 책무라고 생각하는가? 어떤 업무
가 당신의 지휘나 지도를 필요로 하는가?

/

만약 당신이 지시하기를 포기하고, 직원들이
좋은 의사결정을 내려 스스로 해법을 찾아 나
가도록 돕는 것이 핵심 역할이라고 생각한다
면, 당신의 삶에 어떤 변화가 있겠는가?

2장

직원의 행복을
최우선으로 생각하라

관리자의 핵심 역할을
설정하라

Happy의 핵심 신념 중 하나를 소개한다.

자긍심과 자존심이 높고 행복한 사람들이 일을 가장 잘한다.

어떤가, 동의하는가? 절대 다수의 사람들은 동의한다고 말한다. 그러면 자연스레 다음 질문이 이어진다.

그렇다면 조직에서 관리자들의 핵심 역할은 무엇이어야 하는가?

간단한 논리로 첫 번째 진술이 사실이라면 관리자의 핵심 역할은 '직원들이 스스로에게 만족할 수 있는 환경'을 조성하는 일이다. 직원들이 자긍심과 자존심을 한껏 끌어올릴 수 있도록 도우면 된다. 답이 간단하기 그지없다.

여기까지 진행하고 나서 청중들에게 다시 묻는다.

"당신이 일하는 직장에서 실제로 그것이 관리자들의 핵심 역할인가? 동의하면 손을 들어보라."

그러면 100명이상의 청중 중에서 손을 드는 사람은 거의 전무하다. 한두 명만이 손을 든다.

그러나 지구상에서 가장 성공적인 회사들, 예를 들면 마이크로소프트, 구글, W.L. 고어*같은 회사에서는 사람이 중심이 되는 '행복한 일터'를 만드는 것이 핵심적인 전략 목표 중 하나다.

---

* 고어텍스로 유명한 미국의 다국적 기술혁신회사. 정식 명칭은 W.L. Gore&Associates, Inc.로 Associates는 직원들을 말하며 전세계 9,500명 직원들이 공동소유자다. 연매출 규모는 30억 달러.

❘ 직원의 행복이 성공의 열쇠다

난도스Nando's는 영국의 인기 레스토랑 체인이다. 매운 닭고기 요리가 전문이다. 몇 년 전 이 회사는 매장마다 매출이 들쑥날쑥한 원인을 찾기 위해 연구를 시작했다.

상세한 분석을 통해 난도스는 가장 핵심적인 원인 하나를 찾아냈다. 직원들의 행복도가 결정적인 변수였다. 매년 실시하는 직원만족도 조사에서 직원들의 행복도가 높은 매장이 매출도 높았던 것이다. 난도스는 관리자들의 보너스 50퍼센트를 직원만족도 조사결과에 따라 지급하기로 했다.

난도스는 물론 매출과 이윤 극대화를 원한다. 그러나 난도스는 그 자체를 목표로 하기보다 이를 가능하게 하는 핵심요소, 즉 직원들을 행복하게 만드는 것에 경영의 초점을 맞춰야 한다고 믿었다. 난도스는 관리자들에게 분명한 메시지를 보냈다.

"당신의 핵심 역할은 직원들을 행복하게 만드는 것이어야 한다."[1]

나는 이 사례에 관심을 갖고 살펴보던 중, 난도스가 새로 도입한 보너스 시스템이 1년 만에 폐지된 사실을 알게 됐다. 새로운 시스템이 실행하기 어렵기도 했지만 몇몇 무능한 관리자들 때문이었다. 행복한 일터를 가꾸라고 했더니 관심을 딴 데 두었다. 그들은 직원들을 들볶아 직원만족도 조사에서 높은 점수를 받는 데만 노력했다.

그럼에도 직원만족도와 경영성과의 연결고리에 대한 난도스의 신념은 확고했다. 그 결과 난도스는 2010년 〈선데이타임스〉가 선정한 '영국 최고의 일하기 좋은 대기업' 리스트에 올랐다. 난도스는 영국 내 220개 매장에서 6,300명을 고용하고 있다.*

데이비드 스미스David Smith도 비슷한 이야기를 전해준 적이 있다. 데이비드는 1990년부터 2007년까지 슈퍼마켓 체인 아스다Asda의 최고피플책임자Head of People로 근무했다. 1990년 아스다는 파산위기를 겪었다. 이를 극복하고 아스다는 2008년에 17만 명의 직원과 180억 파운드의 매출을 기록하는 회사로 성장했으며 영국에서 가장 일하기 좋은 직장으로 선정됐다.**

● 난도스는 1987년 남아프리카공화국 요하네스버그에서 시작된 포르투갈-아프리카 음식 전문점이다. PERi-PERi 소스를 곁들인 포르투갈식 닭고기 요리가 대표상품이다. 현재 전세계 35개국에서 1,000개 이상의 매장을 운영하고 있다. 한국에는 아직 진출하지 않았다.

●● 1943년에 설립된 아스다는 2020년 4월 기준 631개의 매장을 보유한 영국 3대 슈퍼마켓 중 하나다. 지난해 매출은 230억 파운드를 상회하는 것으로 추산되며 1997년 월마트에 인수됐다.

어떻게 이런 극적 반전이 가능했겠는가? 데이비드는 경영의 초점을 직원들에 맞췄기 때문이라고 설명했다. 아스다의 핵심 원칙을 보면 '재미있는 일은 끝까지 해낸다', '태도를 보고 채용하라' 등이 있다. 후자에 대해서는 책의 뒷부분에서 보다 상세히 설명하겠다. 아스다의 기사회생은 현장 직원들을 참여시키기 위한 진정한 노력의 결과였다. 아스다의 자체조사에 따르면 직원 몰입도가 1990년 55퍼센트에서 2008년에는 91퍼센트까지 높아졌다.

데이비드는 아스다의 360개 매장별 손익계산서를 분석해서 직원몰입도와 이윤 간에 절대적인 정正의 상관관계가 있다는 사실을 밝혀냈다. 데이비드는 이렇게 말했다.

"한 매장이 94퍼센트의 직원 몰입도를 달성하면 이윤이 기하급수적으로 높아질 것을 내가 보장할 수 있다."

질 문

/

바로 지금 직원들이 만족하고 행복감을 느끼도
록 당신이 관리자나 동료로서 할 수 있는 일은
무엇인가?

/

만약 경영의 초점을 '직원들의 행복'에 맞춘다
면 당신의 조직은 어떻게 달라질까?

최고라고 믿어야
최고의 능력이 발휘된다

자넷은 내가 가장 신뢰할 수 있는 Happy의 최일선 실무자였다. 그러던 어느 날 갑자기 모든 것이 바뀌었다. 무슨 일이 벌어졌을까? 그녀의 이야기를 소개하겠다.

• • •

자넷이 몸이 불편하다는 이유로 출근하지 않는 일이 잦아졌고 출근시간도 늦어졌다. 사무실에서도 그녀의 마음은 더 이상 회사에 머물러 있는 것 같지 않았다. 다른 회사 같았으면 아마도 징계절차를 밟는 등 강압적인 조치를 취했을 것이다.

그러나 Happy는 직원들의 능력을 믿는 회사다. 관리자들은 언제나 모범적이었던 자넷이 업무에 소홀해진 이유를 파악하기 시작했다. 자넷은 말하기를 꺼려했지만 결국은 자신이 재정적으로 어려움을 겪고 있다고 털어놓았다.

그녀는 딸의 크리스마스 선물로 운동화를 선물하기 위해 땅을 담보로 50파운드를 빌렸다. 문제는 은행이 아니라 고리대금업자에게 돈을 빌린 것이다. 제때에 갚지 못하자 부채가 눈덩이처럼 늘어났다. 더 이상 갚을 수 없는 지경까지 이른 것이다. 자넷은 땅은 땅대로 빼앗기고 빚은 빚대로 남는 상황을 걱정하느라 업무에 집중할 수 없었다.*

회사가 자넷의 상황을 인지하자 문제는 간단히 해결됐다. 회사가 고리대금업자에게 빚을 대신 갚아주었고, 자넷은 매달 월급에서 조금씩 상환하기로 했다. 자넷은 회사의 호의에 깊은 감사를 표하고 의욕을 다시 찾았다. 언제나 그랬듯이 신뢰할 수 있는 직원으로 되돌아왔다. 회사에 대한 그녀의 충성심은 더욱 높아졌다.

● 독자들은 50파운드, 현재 환율로 따지면 8만 원 정도의 빚이 그렇게 늘었다는 것을 이해하지 못할 수 있다. 그러나 이 일은 Happy의 초창기인 1980년대 중반임을 감안해서 읽어야 한다. 그 당시 운동화는 사치품이었다.

이는 Happy의 초창기에 있었던 일이다. 비록 작은 사례지만 대부분 회사들이 충직한 직원들을 이처럼 지원할 것이라고 믿고 싶다. 그러나 회사가 실제로 이런 유연성을 발휘하기 위해서는 몇 가지 전제조건이 갖춰져 있어야 한다.

우선 회사가 직원을 믿어야 한다. 최선을 다해 일하고 최고의 성과를 낼 수 있는 직원이라고 믿어야 한다. 그리고 직원이 재정적 어려움 같은 개인적인 이슈를 터놓고 말할 수 있을 만큼 직원과 관리자들의 관계가 충분히 우호적이어야 한다. 끝으로 회사는 사내 규칙에 지나치게 얽매이지 않고 직원 개인의 빚을 대신 갚아주는 것과 같은 유연한 형태의 문제해결 방식을 실행할 수 있어야 한다.

아침 일찍 일어나 출근하면서 회사 일을 대충하겠다고 생각하는 사람은 없을 것이다. Happy의 핵심 신념 중 하나는 모든 사람이 각자의 배경이나 경험 그리고 현재의 상황에서 '최선을 다해서 일한다는 믿음'이다.* 물론 당신도 그러리라 믿는다.

● 하비 잭킨스Harvey Jackins가 처음 이처럼 명확히 말했고, 그의 '재평가상담Re-Evaluation Counseling' 이론으로 발전됐다. 잭킨스는 시애틀의 조선소 노동자 출신으로 심리적으로 어려움을 겪는 동료들을 돕다가 사람들이 감정을 모두 쏟아내면 마음의 위안을 얻고 안정을 되찾는다는 사실을 발견하고, '말해주기'보다 '듣기'에 초점을 맞춘 심리상담기법을 개발했다. 자세한 내용은 www.rc.org를 참고하라.

직원들이 일을 제대로 하지 못할 때 우리는 곧잘 실망하고 좌절한다. 이렇게 해보면 어떨까? 당신의 일터가 어떤 도전적인 과제를 안고 있는지 파악해보고, 업무성과가 나쁜 직원이 사실은 최선을 다해 일했음에도 성과가 나오지 않았다고 믿어보는 것이다. 그렇다면 직원에 대한 당신의 접근법은 매우 달라질 것이다.

▌98퍼센트 직원을 위한 규칙

Happy 초창기 시절, 직원이 세 명에 불과했을 때 신입사원을 한 명 더 채용했다. 그러나 신입사원인 토니는 회사에 잘 적응하지 못했고 주어진 업무를 제대로 수행하지도 못했다. 토니의 문제를 파악하기 위해 두 차례 면담을 실시했으나 얻어낸 것이 없었다. 초조해진 나는 그의 업무에 세세하게 개입하기 시작했고 상황은 더욱 악화됐다.

당황한 나는 보다 경험이 많은 지인을 찾아가 이 문제를 상의했다. 그들은 나에게 뒤로 물러서서 직원이 스스로 문제 해결 방법을 찾을 수 있는 기회를 주라고 조언했다. 조언대로 일체의 간섭을 끊자 상황이 바뀌었다. 토니가 자신의 업무를 완수하기 위해 최선을 다해 일하는 소중한 직원으로 거듭난 것이다. 다음 번 업무평가 때 토니에게 변화의 계기에 대해 물었다. 그녀의 대답은 간단했다.

"헨리, 당신이 나를 믿기 시작했잖아요."

자동차 회사 포드를 설립한 헨리 포드Henry Ford가 남긴 명언이 하나 있다.

"자신이 성공할 것이라고 믿는 사람은 성공할 것이고, 실패할 것이라고 믿는 사람은 실패한다."

당신이 기대하고 희망하는 만큼 결과를 얻을 것이라는 말이다. 직원들과의 관계도 마찬가지다. 헨리 포드의 표현을 살짝 바꾸면 이렇게 말할 수 있다.

"당신이 관리하는 직원이 성공하리라고 믿으면 그가 성공할 것이고, 실패할 것이라고 믿으면 실패할 것이다."

버진Virgin 항공의 창업자 리차드 브랜슨Richard Branson도 비슷한 취지의 말을 한 것으로 기억한다. 조직의 분위기를 망치고 의도적으로 일하지 않는 2퍼센트의 직원을 기준으로 회사의 규칙을 만들지 말라는 것이다. 대신 매일매일 열심히 출근해서 최선을 다해 일하는 '98퍼센트 직원을 위한' 규칙을 만들어야 한다고 강조했다.

구글의 경영방식도 이와 비슷하다. 구글 영국은 수차례 〈파이낸셜타임스〉가 뽑은 '최고의 일터'로 선정됐다. 구글의 '피플 프로그램 스페셜리스트People Program Specialist'였던 라라 하딩Lara Harding에게 업무성과가 저조한 직원을 어떻게 관리하느냐고 물었다. 라라의 답은 명쾌했다.

"우리는 매우 열심히 그들을 코치하고 멘토링한다."*

---

* 2008년 〈파이낸셜타임스〉 최고의 일터 컨퍼런스에서 라라 하딩이 말했다. 라라의 직책인 People Program Specialist에서 People이라는 말은 번역하기 까다롭다. 단순히 직원을 의미하는 것이라기보다는 전인체로서의 '사람'을 뜻하기 때문이다. 그래서 인사담당자라는 번역 대신 원어 그대로 표기했다.

질 문

/

직원과 관련한 문제를 다룰 때 당신은 그들이 최선을 다해 일하는 사람이라고 믿고, 그러한 믿음에 따라 대처하는가?

/

당신의 회사 시스템과 프로세스는 직원들이 최선을 다해 일한다는 가정에 기초해서 만들어졌는가?

직원이
성과를 내는 법

이 원칙은 회사 내외부를 불문하고 당신과 함께 일하는 모든 사람에게 적용할 수 있다. Happy에 기술지원을 제공하는 회사 디지브릿지Digibridge를 경영하는 나의 지인 다이예 와레이빅Diye Wareibik이 훌륭한 예다.

다이예의 한 고객이 서비스에 대한 대가를 지불하지 않아서 미수금이 발생했다. 다이예는 우리 회사에서 빌려간 데일 카네기Dale Carnegie의 《데일 카네기 인간관계론How to Win Friends & Influence People》을 읽고는 채무회수 전략을 바꿨다고 설명했다. 1930년대에 출간된 이 고전은 함께 일하는 사람들을 이해하려 노력하고 '그들의 입장에서 생각해보기'를 권유한다.

이제 다이예의 경험을 들어보자.

• • •

몇 주 동안 빚을 독촉하다 결국 채무자에게 법적 조치를 취하겠다고 말했다. 그의 대답은 간단했다. "법원에서 보자"는 것이었다. 그러다 우연히 데일 카네기의 책을 접하고는 내 행동이 어리석었다는 생각이 들었다. 데일 카네기의 권고를 실행하기로 했다.

사실 나는 채무자가 (사업적으로) 어려움을 겪고 있는 동시에 엎친 데 덮친 격으로 가족의 건강문제까지 발생했음을 알고 있었다. 그래서 이메일과 전화로 그의 어려운 상황을 이해하고 걱정하고 있다고 말하며 내가 도울 수 있는 일이 있는지를 물었다. 많은 사람들로부터 엄청난 스트레스를 받고 있던 그에게 나의 진심이 전해진 듯했다. 통화하면서 빚에 대해서는 일체 말하지 않았음에도 며칠 후 그가 1,000파운드를 갚았다. 그리고 오늘 나머지 모든 부채를 갚는 수표를 보내왔다. 내가 그를 친구로 대하고 그의 어려움이 어디서부터 시작됐는지를 이해하려 노력한 것만으로 모든 채권을 회수할 수 있었다. 앞으로도 그와의 거래는 계속될 것이다.

다이예의 사례를 쓰고 있던 중 얼마 전 주차위반으로 견인됐던 내 차에 대한 벌금 260파운드를 전액 환불해주는 수표를 받았다. 신기하게도 마침 우리 회사에 주차 불만 고충을 처리하는 직원들이 교육훈련을 받고 있다. 불만 고객에 대한 서비스 개선이 목적이다. 이들로부터 주차 불만으로 전화를 거는 사람들이 얼마나 공격적인지를 들었다. 고충처리 직원들을 예의 있게 대하는 전화를 받은 적이 있느냐고 물었을 때 누구도 그러한 예를 설명하지 못했다. 그들이 생각해낸 최고의 사례는 전화를 한 상대방이 소리를 지르지 않았다는 정도였다.

나도 주차위반 딱지를 보자마자 짜증이 났던 게 사실이다. 합법적으로 주차했다고 생각했고, 견인된 차를 찾기 위해 몇 시간을 허비했기 때문이다. '일요일 주차금지'라는 안내문이 아주 조그맣게 걸려 있음을 나중에 알게 됐다.

나는 고충처리 직원들이 우리와 마찬가지로 열심히 일하려 애쓰는 사람들이라는 것을 알고 있었다. 그래서 견인된 내 차의 주차 불만을 접수하면서 "고충처리 직원들이 있어서 런던이 움직이고 있으며(이것은 사실이다) 고마운 마음을 갖고 있다"고 말했다. 고충처리 직원들이 친절하고 어떻게든 도움을 주려 노력한다는 칭찬과 함께 내가 왜 주차위반 딱지가 '무심코' 잘못 떼여졌다고 생각하는지 설명했다. 긍정적이고 예의 바르게 불만을 전달한 결과, 비록 법적으로는 주차위반이었지만 벌금 전액을 환불받았다.

자존감이 높은 사람들은 최선을 다해 일하고 유연하게 행동한다. 대인관계에서 신뢰를 구축하고, 원하는 것을 얻고 싶은가? 상대방을 이해하려 노력하라. 긍정적인 분위기를 조성하라. 그리고 당신 스스로에게 물어보라. 상대방이 당신에게 소리치면서 닦달할 때 최선을 다해 일했는가, 아니면 상대방이 당신을 지지하고 존중할 때 최고의 성과를 냈는가?

질 문

/

당신은 '다른 사람의 입장'에서 생각하고 이해
하려고 노력하는가?

/

매일 만나는 사람들 중에서 당신이 보다 존중
하고 자긍심을 갖도록 지원해야 할 사람은 누
구인가?

규칙 말고
합리적 시스템

해피컴퓨터스가 '영국 최고의 고객 서비스 회사'[2]로 뽑혔을 때, 심사위원 중 한 명에게 선정 이유를 물었다. 그는 "해피컴퓨터스는 고객이 원하는 것을 정확하게 알고 있다"고 설명했다. 그러고는 덧붙여 말했다.

"하지만 고객의 니즈를 안다는 것은 예외적인 일이 아니다. 누구나 고객이 원하는 바를 정확하게 안다. 문제는 대다수 회사들이 고객 서비스 매뉴얼을 한 묶음의 규칙이나 시스템으로 만들어 직원들에게 이를 준수하도록 요구하는 데 있다. 그렇게 되면 현장의 직원들은 고객이 원하는 것을 제공할 수 없다. Happy가 다른 점이 이것이다. Happy는 직원들에게 자유를 준다. 현장에서 자신의 재량으로 고객문제를 해결할 수 있는 자유를 준다."

많은 조직이 무엇인가 잘못되면 새로운 규칙을 만들어 대응한다. 시간이 지나면서 규칙에 규칙이 쌓이고, 직원들은 그런 규칙이 있는지도 모르는 상태가 된다. 대부분 쓸모없는 것이지만 규칙은 계속해서 늘어난다.

내가 사는 곳에는 호수가 있다. 주민들은 호수에서 카누나 보트를 타기도 하고 카페에서 호수를 바라보며 한 잔의 여유를 만끽했다. 우리 가족도 자주 산책하고 아이들도 맘껏 뛰놀았다. 복잡한 런던의 한복판에서 산속을 거니는 것 같은 신선함을 즐길 수 있는 장소였다. 도심 속 오아시스 그 자체였다. 그러던 어느 날 갑자기 모든 것이 변했다. 호숫가에 울타리가 쳐졌고 구명조끼를 입지 않고는 누구도 호수에 접근할 수 없게 됐다.

호수 관리자에게 전후사정을 들을 수 있었다. 얼마 전 호숫가에서 결혼축하연이 열렸는데, 술에 취한 신랑과 신부가 한밤중에 물에 뛰어들었다가 익사할 뻔한 일이 있었다. 결국 재발 방지를 위해 울타리를 쳤다는 것이다.

하나의 사건을 이유로 많은 사람의 즐거움을 빼앗은 전형적인 사례가 아닐 수 없다. 역설적인 것은 이 조치로 주민 수백 명이 호숫가를 산책하는 즐거움을 빼앗겼는데, 정작 해결하고자 했던 문제는 해결할 수 없었다는 사실이다. 울타리를 쳤다고는 하지만 또 다른 취객이 한밤중에 울타리를 넘어 물에 뛰어드는 일은 막을 수 없었다.

▎경직된 규칙의 위험성

사람들이 권위에 맹목적으로 복종할 때 어떤 무서운 결과를 초래할 수 있는지 보여주는 사례가 있다. 1950년대에 실시된 고전적인 심리학 실험이다.

...

병원의 한 병동에서 일하는 간호사가 전화를 받는다. 전화를 건 사람이 누군지 간호사는 모른다. 전화한 사람은 자신이 병원 의사라고 말하며 특정 환자에게 약을 투여하라고 지시한다. 그런데 처방한 약의 투여량이 안전허용치보다 2배나 높다. 간호사들은 이 같은 처방이 환자의 안전을 위협할 수 있음을 안다. 충분히 훈련받았기 때문이다. 그럼에도 전화를 받은 간호사들의 95퍼센트가 지시를 이행하려 했다.[3]

이 병원 간호사들의 규칙은 '의사의 지시를 따르는 것'이었다. 이 실험에서 간호사들은 자신이 모르는 누군가가 의사를 사칭해 위험한 지시를 내렸음에도 불구하고 규칙이기 때문에 충실하게 따르려 했다.

내 친구 이야기도 적절한 예다. 그는 주택담당부서 직원들의 신규 주택 배정 프로세스를 검토하는 일에 참여했다. 새 집을 배정받는 데 몇 개월씩 걸리다 보니 주민들의 불만이 팽배했다. 직원들은 정해진 절차를 철저히 준수하고 있다고 보고했다. 절차대로 했기 때문에 자기들 잘못이 아니라는 것이다. 친구는 절차를 처음부터 하나하나 살펴봤다. 업무 프로세스의 중간쯤에 이르렀을 때 놀라운 지침 하나를 발견했다.

'다음 절차까지 6주를 기다릴 것.'

무슨 이유가 있을 법해서 직원들에게 물었다.

"왜 6주를 기다려야 합니까?"

그러나 이유를 설명하는 사람은 아무도 없었다. 직원들은 그저 오래전에 정해진 규칙이기 때문에 충실히 이행할 뿐이라고 말했다.

Happy는 이 같은 규칙의 문제점을 충분히 인지하고 있다. 그렇다고 직원들이 모든 상황에서 스스로 길을 찾아내도록 방치하지는 않는다. 우리 업무는 복잡하다. 우리는 적합한 교육 장소에서 최고 수준의 교육을 탁월한 강사가 적절한 교재를 활용해 실시할 수 있도록 만들어야 한다. 몇 년간의 노력 끝에 우리는 이러한 일을 제대로 수행하는 방법을 개발했다.

Happy에는 규칙이 아닌 '시스템'이 있다. 규칙과 시스템은 매우 다르다. 규칙은 반드시 지켜야 한다. 규칙이 있다면 직원들은 자신의 판단보다 규칙을 우선할 수밖에 없다. 반면 시스템은 이제까지 발견한 최상의 업무수행 방법을 말한다. 직원들이 자기가 맞부딪친 상황에서 더 나은 방법을 생각해냈다면 시스템을 그에 맞게 개선할 수 있다. 즉 규칙은 직원들이 임의로 바꿀 수 없지만, 시스템은 언제나 개선하고 개발하고 혁신할 수 있다.

만약 우리 직원들이었다면 업무 프로세스 중에 6주간 기다리라는 지침을 발견하고도 그냥 넘어가지는 않았을 것이다. 그런 규칙이 왜 존재해야 하는지 물어보고 이유를 찾았을 것이다. 아무도 그 이유를 설명하지 못할 경우 직원들은 그 규칙을 무시하고 고객에게 최고의 서비스를 제공하는 데 필요한 조치를 즉각 취할 것이다.

❙ 업무 효율을 높이는 합리적 시스템 만들기

아벨앤콜은 우리의 오랜 고객이다. 몇 해 전 아벨앤콜은 배송 기사들에게 그날그날의 배달 루트를 인쇄해서 배포했다. 배송 루트는 아벨앤콜의 물류전문가가 결정했다. 기사들은 이 규칙을 따라야 했다. 그런데 도로 사정을 누가 더 잘 파악하고 있겠는 가? 당연히 배송 기사들이 더 잘 안다. 어느 곳에서 도로 공사가 진행되고 있고, 언제 어디서 교통체증이 발생하는지도 정확하게 안다. 그러나 기사가 배송 루트를 바꾸려면 회사에 공식적으로 요청해서 물류전문가의 동의를 받아야 했다.

아벨앤콜이 문제해결에 나섰다. 배송 루트 결정권을 기사들에게 넘긴 것이다. 회사는 기사들을 위한 소프트웨어를 프로그래밍했고, 기사들은 이 소프트웨어를 활용해 자신의 배송 루트와 근무시간을 스스로 결정했다. 이때도 몇 개의 지침은 있었다. 일별 배송 목표가 주어졌으며 고객들에게 매주 같은 날 물건을 배달하라는 것이었다.

배송 기사들은 스스로 최적의 배달 루트를 찾아냈다. 일부 기사들은 새벽 3시에 시작해 교통체증이 시작되기 전에 일을 끝냈다. 또한 서로 협의해서 이동거리가 먼 물품을 교환하는 등 보다

합리적인 배송 루트를 만들었다. 기사들에게 통제권을 넘기면서 아벨앤콜의 배송 시스템이 완벽하게 탈바꿈한 것이다.

기사들은 하루에는 런던 북동부에서 배달을 마치고, 다른 날은 런던 서부에서 배송을 마쳤다. 매일 북동부와 서부를 오가면서 배달하던 비합리적인 관행이 사라진 것이다. 기사들이 서로 협력해서 배송 루트를 유연하게 조정했기 때문에 가능했다. 결과적으로 기사들의 업무 효율은 물론 업무 만족도가 높아졌다. 또한 고객의 신뢰도가 높아졌으며 회사는 물류비용을 절감했다.

질 문

/

당신의 회사는 규칙을 만들어 직원들이 반드시
지키게 하는가? 아니면 직원들이 자신의 판단
에 따라 일할 수 있는 시스템을 갖추고 있는가?

/

현장의 직원들이 일하는 방법을 바꾸거나 개선
할 수 있는 권한을 갖고 있는가?

걸리적거리는
규칙 제거하기

• • •

넷플릭스NetFlix는 '규칙 최소화'를 신봉한다. 넷플릭스에는 휴가 정책이 없다. 회사에서 몇 시간 일했는지도 중요하지 않다. 오직 성과로만 직원을 평가한다. 경비 지출, 접대, 선물, 출장 등 비용에 대한 넷플릭스의 정책은 다섯 단어에 불과하다.

"Act in NetFlix's best interest(넷플릭스에 가장 이익이 되는 방향으로 행동하라)."

출장 경비 지침은 "당신이 개인 돈으로 여행할 때와 같이 사용하라"는 것이 전부다. 넷플릭스는 직원들을 신뢰하고 그들의 상식적인 판단에 모든 것을 맡긴다. 한 넷플릭스 매니저는 이렇게 말했다.

"넷플릭스에는 복장 규정이 없지만 아무도 알몸으로 출근하지는 않는다."**4**

넷플릭스의 사례는 부연 설명할 필요도 없이 결론이 깔끔하다. 또 다른 사례를 통해 '규칙 최소화'를 파헤쳐보자.

영국의 서북부 블랙번Blackburn에 위치한 주택조합 트윈밸리홈스Twin Valley Homes는 상당히 자세한 규정집을 갖고 있었다. 규정집은 직원들에게 얼마나 도움이 됐을까? 직원들의 평가는 냉담했다.

"고객 서비스에 방해가 됐을 뿐 아니라 일부 직원들은 고객의 요청에 '아니오'라고 답하기 위해 규정집을 뒤져 근거를 찾기도 했다."

이에 따라 세입자들의 불만이 고조됐다. 만족도 조사결과에서도 낮은 평가가 나오자 비상이 걸렸다. 한 세입자는 "우리를 쓰레기 취급한다"고 말할 정도였다. 그러나 모든 규칙은 문자 그대로 철저히 지켜졌다. 얼마 후 조직문화 쇄신작업이 진행됐다. 입주자 안전 및 보건 분야에서는 여전히 핵심적인 가이드라인이 적용됐지만 대원칙이 바뀌었다. 언제나 고객에게 "Yes"라고 답하고 해법을 찾는 것이 원칙으로 자리 잡았다.

이후 실시된 세입자 조사에서는 85퍼센트의 주민이 트윈밸리홈스에 사는 것을 자랑스럽게 여긴다고 답했다. 마침내 트윈밸리홈스는 '영국 고객 서비스 부문'에서 대상을 수상하기에 이르렀다. 변화의 핵심은 규칙에 얽매이는 억압적인 문화에서 고객에 대한 봉사를 최고의 가치로 여기는 문화로의 전환이었다.

2009년 봄에 많은 사람들이 '규칙 제거하기'라는 아이디어에 의문을 제기했다. "어떻게 모든 사람을 믿을 수 있는가?"라는 게 공통적인 질문이었다.

"하원의원들을 봐라. 얼마나 엉터리가 많은가. 사람들이 올바르게 행동하기 위해서는 규칙이 반드시 필요하다."

당시 영국하원은 의원들의 '비용 스캔들'로 몸살을 앓고 있었다. 의원들이 얼토당토않은 비용을 청구하다 발각된 것이다. 대표적인 사례가 한 의원이 자신의 집 뒤뜰에 오리를 기르면서 오리집을 만드는 비용을 청구한 것이다. 또 일부 의원들은 납세자의 돈으로 개인 저택의 주택담보대출을 갚다가 덜미를 잡혔다.

그러나 이것은 신뢰를 남용한 사례는 아니었다. 하원의원들이 "나름대로 규칙을 지켰다"고 말할 수 있는 구석이 있었기 때문이다. 규칙이 오히려 올바른 판단을 방해할 수 있음을 보여주는 좋은 예다. 이 사건에서 하원의원들의 판단 기준은 "납세자의 돈을 이렇게 쓰는 것이 도덕적으로 옳은 일인가?"라는 질문이 아니었다. "돈을 이렇게 쓰는 것이 규칙에 맞는 일인가?"라는 것이었다.

하원의원들의 비용 스캔들에 대한 실제 해결책은 투명성을 제고하는 것이다(하원의원들의 엉터리 비용 청구는 〈데일리텔레그래프〉의 보도로 세상에 알려졌다). 적절한 비용만을 청구하도록 하는 가장 효과적인 압력 수단은 이전보다 상세한 규칙을 만드는 것이 아니다. 비용 청구 내용을 국민에게 '공개'하면 되는 것이다. 하원의원들은 이제 모든 비용의 정당성을 유권자들에게 직접 설명할 수 있어야 한다.

어떤 회사에서든 이 방식은 유효하다. 세세한 비용 규칙은 필요 없다. 직원들이 정당하다고 생각하는 비용을 모두 청구하게 하라. 다만 모든 비용 청구 내역이 전직원에게 공개된다는 점을 명확히 하라. 브라질의 제조회사 셈코Semco*가 실제로 이를 실행했다.

● 셈코는 창업 1세의 권위주의적 기업경영에서 벗어나 참여형, 분산형 경영을 실천한 브라질의 대기업이다. 창업 2세인 리카르도 세믈러Ricardo Semler는 1994년 세계경제포럼World Economic Forum의 '전세계 젊은 지도자 100인'에 선정되기도 했다. 같은 해 〈타임스〉도 그를 100인 명단에 포함시켰다. 셈코에서의 경영혁신을 주제로 한 저서 《Maverick》이 있다.

당신의 조직에서 직원들이 최선을 다해서 일하게 하는 것과 이를 방해하는 것이 무엇인지를 생각해보라. 걸림돌이 있다면 대부분 엄격한 규칙과 절차, 다단계 승인프로세스, 세세한 부분까지 일일이 통제하는 '소심한 경영관리micro-management'일 것이다. 이러한 문화를 격파하는 것이 조직을 변화시키는 출발점이다. 모든 직원이 최선을 다해서 일한다는 믿음을 갖고, 직원들이 '존중받고 있다'고 느낄 수 있는 조직문화를 만들어라.

그러한 변화를 일구어내는 작업이 어려운 일로 보일 수 있다. 그러나 Happy는 많은 조직을 변화의 여정으로 이끌었고, 이러한 경험을 바탕으로 충분히 가능한 일임을 확언할 수 있다. 조직문화의 변화는 모든 직원이(특히 고위경영진)이 동참할 때 쉽게 완성된다.

질 문

/

당신의 조직에는 훌륭한 고객 서비스를 방해하는 규칙이 없는가?

/

가급적이면 "Yes"라고 말할 수 있는 일터로 탈바꿈하기 위해서 무엇을 해야 하는가?

명령하지 말고
변화에 참여하게 하라

변화에 대한 저항은 조직에서 흔한 일이다. 많은 사람이 이를 극복하는 방법을 묻는다. 그러면 나는 질문한 사람에게 당신의 회사가 어떠한 형태든 변화를 추진할 진정한 의지가 있는지, 그리고 회사에서 실행하고자 하는 특정한 해결책이 있는지를 되묻는다. 여기서 포인트는 변화를 극렬히 반대하는 사람도 변화를 만들어내는 작업에 참여하면 오히려 변화를 환영하게 된다는 점이다. 사람들은 변화 자체보다 '변화당하는 것'에 저항한다.

관리자가 아니어도 변화를 주도할 수 있다. 조직 내 권한이 부여되지 않은 일개 직원이 어떻게 사람들의 참여를 유도하고 변화를 추진할 수 있을까?

마리온 재너Marion Janner가 실제로 아무런 권한도 없이 혁신을 이뤘다. 마리온은 항상 에너지가 넘치고 별나면서도 엉뚱한 아이디어로 가득 차 있는 친구다. 그녀가 어느 날 영국의 병원 내 '정신건강 의료시스템 규정'을 바꾸겠다고 결심했다. 아주 엄청난 도전적 목표였다. 그녀는 정신건강 의료시스템 체계에서 어떠한 권위도 지위도 갖고 있지 않았다. 이와 관련한 유일한 경험은 그녀 자신이 정신과 환자였다는 것뿐이었다. 환자로서의 경험을 바탕으로 정신건강 의료시스템을 바꾸겠다고 당차게 결심한 것이다.

마리온은 누구에게 무엇을 하라고 지시하거나 명령할 수 없었다. 목표를 수립하거나 정책을 제시할 수도 없었다. 그러나 그녀는 많은 훌륭한 아이디어와 누구도 따라잡기 힘든 상상력의 보유자였다. 자신의 강점을 총동원해서 〈최고 병동Star Wards〉이라는 설명서를 발간했다. 정신과 병동이라면 반드시 실행해야 할 75개의 아이디어를 집대성했다.

설명서에는 환자 스스로 복약을 관리하게 하는 것부터 병동에 반려견을 동반할 수 있는 권리까지 다양한 아이디어가 포함됐다. 최근 한 뉴스레터에서는 이 설명서를 통해 '서비스 이용자service users'*와 디자인 경진대회를 개최하고, '캥거루 공'이라고 불리는 장난감 스페이스 호퍼space hopper로 경주를 즐기는 정신병동의 이야기를 소개하기도 했다.

〈최고 병동〉을 발간한 뒤 18개월이 지나자 영국 내 정신병동의 절반 이상이 이 캠페인에 동참했다. 정신병동의 직원, 환자, 관리자, 병원장들은 마리온이 제안한 일련의 작은 변화들이 현장에서 실행되는 속도에 놀랐다. 이와 함께 환자들의 병동 경험이 개선되는 속도에 또 한 번 놀랐다. 병동 직원들의 사기가 높아진 것은 불문가지다. 마리온의 설명서는 병동 관계자들의 동기부여와 생산성, 창의력 발현이라는 선순환을 창출했다.

유명 언론매체 〈가디언〉이 사설에서 마리온을 칭송했으며, 〈데일리텔레그래프〉는 공적활동과 캠페인 부문 '위대한 영국인상Great Briton Awards' 최종 후보 3인에 그녀의 이름을 올려놓았다. 2010년 엘리자베스 2세Elizabeth II 여왕은 정신보건 분야 개선에 기여한 공로로 그녀에게 '대영제국 4등 훈장'을 수여했다.

이 모든 변화는 단 한 사람 덕에 가능했다. 비록 명목상의 지위와 권력은 없었지만 정신병동을 분명히 개선할 수 있다는 의

● 여기서 환자가 아니라 '서비스 이용자'라고 일컬었음을 주목하라.

지를 가진 한 사람, 즉 마리온이 있었기 때문에 가능했다.

정부 관료나 전형적인 경영관리자라면 이 사안에 어떻게 접근했을까? 그들은 현재의 상황을 비판하는 것부터 시작할 것이다(과거 영국정부가 종종 교사나 경찰 등에 대해 그런 접근을 취했다). 정신병동 직원들이 숫자는 많은데 일을 제대로 하지 않는다는 비난도 빼놓지 않을 것이다. 그 다음 새로운 행동지침을 만들어 모든 정신병동이 이행하도록 강제할 것이다.

또한 일괄된 목표를 설정하고 정신병동에 일률적으로 적용되는 평가기준을 만들어 성적이 나쁜 정신병동을 공개적으로 망신줄 것이다. 그런 다음 그들은 의아해할 것이다. 모든 조치에도 불구하고 왜 상황이 개선되지 않았는지 말이다. 그들이 내릴 결론은 뻔하다. 사람들이 변화에 저항하고 있기 때문이라고 불평할 것이다.

마리온은 자신이 해결책을 만들어 제시한 것이 아니라고 말한다. 마리온의 설명서를 읽으면 이래라저래라 지시하는 내용을 찾아볼 수 없다. 훌륭한 서비스 혁신을 일궈낸 병동의 성공 사례를 소개하고 있을 뿐이다. 정신병동에서 일하는 전문직업인들에 대한 존경과 존중을 절절히 느낄 수 있다. 어떻게 일하는 게 좋겠다는 제안보다 시도해볼 만한 많은 아이디어를 열거하며 새로운 방법을 찾아 서비스를 개선해보라는 격려의 글이 가득하다. 〈최고 병동 2Star Wards II〉에서도 마리온은 현장의 훌륭한 개선 사례들을 상세히 기술하고 있다.

▌변화에는 동맹도 필요하다

마리온 이야기에서 얻을 수 있는 또 하나의 교훈은 동맹의 중요성이다. 어느 날 마리온은 루이스 애플비Louis Appleby의 개인 웹사이트를 방문했다. 당시 루이스는 영국 국가정신보건Mental Health in England의 책임자였다. 그에게는 '정신보건 의료계의 황제'라는 별칭이 있다. 웹사이트에서 좋은 아이디어가 있으면 알려달라는 안내문을 읽은 마리온은 주저하지 않았다. 자신의 아이디어를 상세히 적은 이메일을 루이스에게 보냈다. 물론 루이스와 마리온은 일면식도 없었다.

루이스는 마리온의 이메일을 읽고 감탄했다. 곧바로 답신을 보내 만나자고 제의했다. 루이스를 만난 마리온은 엄청난 에너지를 뿜으며 정신병동 서비스 개선을 위한 자신의 의제를 명확히 설명했다. 루이스를 설득시키는 데 성공한 것이다.

루이스는 마리온을 즉각 자신의 동료인 말콤 로Malcolm Raw에게 소개했다. 말콤은 영국 정신보건의료계에서 막강한 네크워크를 갖고 있었다. 말콤은 마리온의 새로운 아이디어를 선도적으로 실행할 만한 정신병동 7곳을 모집했다. 마리온의 캠페인은 강력한 추진력을 얻게 됐다. 마리온은 그때를 회상하며 이렇게 말했다.

"(일을 추진하기 위해서는) 당돌함 또는 대담함Chutzpah*, 그것도 엄청난 당돌함과 대담함이 필요하다."

생면부지의 국가 최고책임자 중 한 명에게 자신의 아이디어를 개진하는 것이야말로 당돌함의 정수다. 이에 관해 마리온은 우리가 영감을 주었다고 말했다.

"Happy로부터 사람들에게 이래라저래라 하지 말라는, 정말이지 말도 안 되는 엄청난 아이디어를 얻었다. 그래서 우리는 좋은 아이디어와 참고할 만한 사례를 제공할 뿐 어떤 것도 강요하지 않았다. 직원을 신뢰하고 행복감을 느끼도록 한다면 스스로 최선의 방법을 생각해낼 것이라는 아이디어는 놀랍게도 현실에

● 당돌함, 대담함을 의미하는 단어인 Chutzpah는 거만함에 가까울 정도의 용기를 일컫는 유대어 단어다. 속어에 "guts가 있다"는 표현이 있는데 이와 비슷한 의미다.

서 작동했다. Happy의 가르침이 없었다면 우리는 아마도 엄격한 서비스 표준과 기준을 만들고 이를 정신병동에 전파하는 프로젝트만을 생각하고 있었을 것이다. 그랬다면 아마도 2년 내에 문을 닫아야 했을 것이다."

Happy는 사람들이 행복하다고 느낄 때, 자신이 존중받고 있다고 믿을 때, 자존감이 고양됐을 때 일을 가장 잘한다는 믿음을 갖고 있다. 마리온의 사례는 우리 믿음의 살아있는 화신이며 칭찬과 지지, 격려가 갖는 효과를 잘 보여준다. 무엇을 하라고 말하기보다는 사기 충만하고 동기부여가 확실한 사람들이 생각해내는 혁신에 의지할 때 조직은 더 많은 것을 성취할 수 있다.

마리온은 아직도 정신과 진료를 받고 있다. 그러나 당당하게 자신의 정신건강 문제를 공개해도 좋다고 말했다.

"(나의 개인적인 정신건강 문제를) 사람들이 이해하는 것이, (그것을 이유로) 색안경을 끼고 나를 부당하게 판단하는 것보다 더 도움이 된다!"

마리온에게는 어떠한 권한이나 지위도 없었으나 정신병동의 혁신을 이뤄냈다. 마리온의 사례는 비즈니스를 하는 모든 사람에게 대단히 유용한 교훈이다.

잠시 당신의 지위를 잊어버리자. 만약 당신에게 권한이 없다면, 당신이 원하는 변화를 실현하기 위해서 무엇을 해야 하는지 생각해보라. 마리온이 말하듯이 '권한과 책임'보다는 '신뢰와 호감'을 목표로 해야 한다.

질 문

/

당신은 직원들에게 변화를 강요하는가, 아니면 직원들을 적극적으로 변화에 참여시키는가?

/

당신이 어떠한 권한도 갖고 있지 않다면, 다시 말해 직원들에게 무엇을 지시하거나 명령할 수 없다면 직원들의 변화를 어떻게 유도할 수 있겠는가?

직원을 관리하는
스트레스에서 벗어나라

이 아이디어는 리카르도 세믈러가 저술한 《Maverick》을 읽고 떠오른 것이다. 나의 인생을 바꾼 최고의 비즈니스 책이다. 500권을 구입해 지인들에게 나눠주며 일독을 권하기도 했다. 물론 우리 회사의 직원들도 전부 읽었다. 독자들에게도 일독을 권하고 싶다.

세믈러는 책에서 부친으로부터 물려받은 브라질의 제조회사 셈코를 어떻게 변화시켰는지 설명한다. 그가 상속받기 전 셈코에는 신뢰라는 단어 자체가 존재하지 않았다. 모든 직원은 회사 정문을 통과할 때마다 몸을 수색당했다. 절도를 의심했기 때문이다. 오랜 변화의 여정 끝에 셈코는 천지개벽했다.

이제 셈코에서 근로자들은 자신의 목표를 스스로 설정하며 업무를 자기 책임 하에 조정하고, 많은 경우 급여까지 자신이 책정한다.* 그 결과 셈코는 불황을 모르는 회사가 됐다. 브라질이 몇 차례나 경제 위기를 겪는 동안에도 셈코는 승승장구했다. 브라질에서 가장 인기 있는 직장이 바로 셈코다.

《Maverick》을 읽을 무렵 우리 회사는 전형적인 소기업이었다. 1992년 당시 해피컴퓨터스 직원은 단 세 명이었다. 이렇게 작은 회사를 운영하면서도 나는 엄청난 스트레스와 싸워야 했다. 주말에도 전화로 업무가 제대로 진행되는지 체크했다. 그러나 이 책을 읽고 나는 완전히 변했다. 이 책은 나에게 '뒤로 물러설 것'을 명령했다. 직원들이 스스로 성장할 수 있는 공간을 제공하고 자유를 부여하라고 말했다.

경영의 새로운 길을 찾았다는 사실은 약 1년 후 내가 폐렴으로 한 달간 입원해야 했을 때 명확해졌다. 당시에는 이메일도 없었다. 병원에 있는 동안 내가 회사로 전화를 건 것은 단 두 번이었다. 그럼에도 모든 일이 순조롭게 진행됐으며 매출은 오히려

● 셈코의 이러한 경영방식을 '기업민주주의'라고 일컫기도 한다. 리카르도 세믈러는 그룹 회장으로 2020년 현재 여전히 셈코를 경영하고 있다.

증가했다. 모든 관리자는 자신이 회사에 반드시 필요한 존재라고 믿는다. 그러나 생각하는 것과는 달리 당신은 회사에 꼭 필요한 존재가 아닐 수 있다.

Happy는 초기부터 성장에 성장을 거듭했다. 새로운 경영관리 방식 덕분에 가능했다. 직원이 스스로 문제를 해결하면 관리자의 삶에서 스트레스를 제거된다. 지금 당장 이를 실행하라. 모든 책임이 '나'에게 있다는 생각에서 벗어나라.

| 관리자들이 해야 할 일은? 코치와 지원

나는 《Maverick》을 읽은 후 직원들을 방해하지 않기로 했다. 직원의 책무가 무엇인가? 주어진 업무를 제대로 시행하는 것이다. 그렇다면 직원 스스로가 업무수행 방식을 결정할 수 있도록 일체 간섭하지 마라. 물론 이 방식이 모든 사람에게 유효한 것은 아니다. 일부는 훌륭히 적응한다. 우리 회사의 첫 번째 강사였던 이안이 그런 사례다. 그러나 대부분 직원들은 도움이 필요하다. 자신이 일을 제대로 하고 있는지 평가해주고 의지할 수 있으며 자신의 넋두리에 귀 기울여줄 사람을 필요로 한다.

Happy의 주축은 강사와 '스무디smoothies'다. 스무디라는 말은 우연한 계기로 사용하게 됐다. 한 행정직원이 어느 날 밤 샤데이 아두Sade Adu가 부른 〈스무드 오퍼레이터Smooth Operator〉에 맞춰 춤을 추다가 노래 제목이 자기가 하는 일을 정확하게 표현한다는 생각이 들어 제안한 직무명이다. 이후로 행정을 지원하는 부서에서 근무하는 직원들을 스무디라고 부르게 되었다.

회사가 커지면서 직원 관리를 위해 강사 부서와 스무디 부서에 각각 관리자를 배치하기로 했다. 관리자는 내가 임명하지 않고 부서 직원들이 선출하게 했다. 처음에는 잘 작동하는 것처럼 보였다. 몇 달이 지나고 관리자들이 직원들과 정기적으로 미팅한다는 사실을 알게 됐다. 대부분 2주일에 한 번 만났으나, 간혹 매주 미팅을 진행하기도 했다. 걱정하지 않을 수 없었다. 관리자들에게 부서 관리 일체를 위임했으나 미팅을 자주 한다는 게 마음에 걸렸다. 내가 그랬듯이 관리자들도 직원들을 방해하지 않아야 했기 때문이다.

그러나 곧 기우임이 밝혀졌다. 직원들의 사기가 높아졌으며 생산성 개선도 뚜렷했다. 도대체 무슨 일이 벌어졌던 것인가? 강사 부서를 관리한 캐시 부사니가 주관한 미팅은 업무지시 목적이 아니었다. 정기적으로 직원들을 '코칭'하는 이벤트였던 것이다. 최고의 관리자라면 이렇게 일해야 한다. 직원을 '관리'하는 대신 '지원'하고 '격려'하는 일에 몰두해야 한다.

질 문

/

당신의 직원들은 관리자로부터 관리를 받는가,
아니면 코칭을 받는가?

/

당신의 관리자들은 직원들을 코칭하고 지원하
는 데 능숙한가?

3장

훌륭한 일터를 만들면
최고의 성과가 창출된다

직원을 설레게 만드는 회사의 비밀

많은 연구를 통해 이미 명확해진 사실이 있다. 조직원이 일하기 좋은 '훌륭한 일터'를 제공하는 회사가 비즈니스 성과도 높다.

2011년 펜실베이니아대학교 와튼스쿨 교수였던 알렉스 에드먼스Alex Edmans는 25년 동안 훌륭한 일터 리스트에 오른 회사의 주가수익률을 계량 분석했다. 주식시장 전체 평균과 비교했을 때 이 회사들의 연간 수익률이 3.5퍼센트 더 높은 것으로 나타났다. 같은 기간 펀드가 10만 달러의 수익을 거두었다면 훌륭한 일터 리스트에 오른 기업은 23만 6,000달러의 수익을 실현했다.[1]

이러한 통계를 보면 의문이 하나 생긴다. 왜 투자펀드들은 훌륭한 일터를 투자의 잣대로 활용하지 않을까? 물론 아주 없는 것은 아니다. 적어도 한 개의 펀드가 꾸준히 훌륭한 일터에 투자하고 있다. 제롬 돕슨Jerome Dobson*이 그런 사람이다.

제롬은 미국 유명 경제지 〈포춘〉 선정 '100대 훌륭한 일터 리스트The Best Companies to Work For List'를 만든 밀턴 모스코비츠Milton Moskowitz의 조언에 따라 '조직원이 진정으로 행복한 기업에만 투자하는 펀드'를 만들었다.[2]

2005년 자본금 60만 달러로 출범한 '파나수스 (훌륭한) 일터 펀드Parnassus Workplace Fund'는 10년 수익률에서 유가증권 투자를 목적으로 하는 미국 뮤추얼펀드mutual fund 중 상위 1퍼센트 순위를 줄곧 유지했다. 이 펀드의 포커스는 명확하다.

"파나수스 펀드는 훌륭한 일터에 투자한다. 우리는 조직원이 즐거운 마음으로 기꺼이 일하러 갈 수 있는 회사가 그렇지 않은 회사보다 더 좋은 성과를 창출한다는 철학을 갖고 있다."

여기에서는 직원의 몰입도가 성과를 높이는 경우보다 성과가 좋아야 직원의 몰입도가 높아진다는 반론도 있을 수 있다.

● 제롬 돕슨은 1984년 파나수스 인베스트먼트Parnassus Investments 펀드를 설립하고 지금도 환경과 사회적 책임, 조직원을 보살피는 정신을 갖춘 회사들에 적극적으로 투자하고 있다. 2020년 6월 2일 미국 경제지 〈키플링어Kiplinger〉는 파나수스를 사회적 책임기업에 투자하는 15대 펀드 중 하나로 선정했다.

그러나 여론조사기관인 갤럽Gallup 출신으로, 현재는 '강점 찾기StrengthsFinder' 전문가로 활약하고 있는 마커스 버킹엄Marcus Buckingham의 결론은 다르다.

"장기적인 추세 분석을 통해 우리가 알 수 있는 것은 회사의 성과를 높이는 것은 직원의 몰입도다. 높은 성과가 직원의 몰입도를 높이는 것보다 상관관계가 4배나 더 강하다."[3]

직원의 몰입도와 성과 간의 상관관계는 비영리 기관에서도 나타난다. 런던의 킹스 펀드King's Fund*는 병원 직원의 몰입도를 다양한 요소로 분석했다. 사실 병원에서 근무하는 사람들이 행복하면 환자도 행복하다는 조사결과를 보고 놀라는 사람은 거의 없을 것이다.

직원이 행복하고 몰입도가 높으면 환자 사망 숫자도 감소한다. 직원의 몰입도가 높은 병원에서 환자 96명이 사망하면 그렇지 않은 병원에서는 103명이 사망한다. 7명의 차이가 적다고 생각하는가? 영국 전체 병원으로 계산해보면 연간 5,000명이라는

● 영국 국왕 에드워드 7세Edward VII가 왕세자 시절이던 1897년에 설립한 자선단체로 의료분야에 집중한다.

엄청난 차이가 발생한다.[4]

　갤럽은 직원의 참여, 몰입 등 조직의 성과에 긍정적인 영향을 미치는 12개 핵심요소를 밝혀냈다. 조직이 나에게 무엇을 기대하고 있는가를 아는 것부터 내가 가장 잘하는 일을 할 수 있는 기회를 갖는 것, 나를 보살피는 관리자를 갖는 것, 조직이 내 의견을 경청한다고 느끼는 것 등이 포함돼 있다.

　이밖에도 최근의 많은 연구결과가 행복하고 몰입도가 높은 직원으로부터 창출되는 긍정적인 혜택을 증언하고 있다.

- 대니얼 골먼Daniel Goleman은 저서《감성의 리더십Primal Leadership》에서 "직원 행복도가 2퍼센트 높아지면 회사 매출이 1퍼센트 증가한다"고 밝혔다.
- 영국의 다국적 위험관리보험중개회사 윌리스 타워스 왓슨Willis Towers Watson은 2016년 41개 글로벌 회사를 대상으로 3년간 조사한 결과 "직원의 참여와 몰입도가 높은 회사에서는 영업이익이 4퍼센트 가량 개선된 반면 낮은 회사는 약 2퍼센트 감소"했다며 "직원의 참여와 몰입도 수준과 재무적·영업적 성과 사이에는 명확한 상관관계가 있다"고 결론 내렸다.[5]
- 갤럽은 2017년 훌륭한 일터의 주당수익 상승률이 경쟁회사보다 4.3배 높다는 조사결과를 발표했다. 갤럽이 선정한 훌륭한 일터 기

업의 주당수익률은 115퍼센트 증가한 반면 경쟁회사들은 27퍼센트에 불과했다.[6]

이밖에도 인용할 수 있는 연구결과는 차고 넘친다. 직원의 몰입도가 높은 회사들이 비즈니스에서, 즉 고객 만족도, 혁신, 생산성 또는 수익성과 주식가치의 증가 측면에서 더 높은 성과를 창출한다는 사실이 끊임없이 밝혀지고 있다.

▌매슬로는 여전히 옳다

이 책에서 처음으로 제기했던 두 개의 질문으로 돌아가보자. '훌륭한 경영관리란 무엇인가'라는 질문에 사람들이 제시한 요소들을 보면 조직의 비전이 명확해야 하고 소통을 강화하는 일이 중요하다. 회사가 어디로 나아가고 어떤 일이 벌어지고 있는지를 직원이 알고 있어야 한다는 말이다. 그러나 이 모든 요소는 필요조건일 뿐이다. 훌륭한 일터를 만드는 충분조건은 아니다.

에이브러햄 H. 매슬로Abraham H. Maslow가 1943년 논문 〈A Theory of Human Motivation〉에서 제시한 '욕구단계설hierarchy of needs'과

〈매슬로의 욕구단계설〉

비교해서 생각해보자.

매슬로는 인간의 가장 기초적인 욕구가 생리적 욕구라고 설명한다. 먹고 자는 것을 해결하는 것이다. 이를 해결한 다음 인간은 살 곳을 챙기고 가족과 건강을 보살피고자 한다. 분명 중요한 요소임에 틀림없고 반드시 충족되어야 한다.

영국 남부의 하트퍼드셔Hertfordshire 소방서장으로 부임한 로이 위셔Roy Wisher가 소방관들에게 물었다.

"소방관 임무를 수행하는 데 가장 큰 방해물이 무엇인가?"

소방관들은 소방부츠기 맞지 않고 안전모가 부실해서 두통을 유발하며 급여가 종종 잘못 계산된다고 말했다. 로이가 가장 먼저 한 일은 이러한 불만을 해결하는 것이었다. 이 문제를 바로잡아야 다음 단계로 나아갈 수 있었다.[7]

인간에게 먹고 자는 것이 가장 기초적인 욕구라면 급여와 안전은 직장인의 가장 기초적인 욕구다. 급여와 안전을 제공하지 못하면 사람을 채용하는 일 자체가 불가능하다. 그러나 이것만으로 직장인의 열정을 불러일으키지는 못한다. 소속감, 자기존중, 그리고 무엇보다도 매슬로가 '자아실현'이라고 말한 욕구를 충족시킬 수 있어야 한다.

자아실현은 개인적인 성장과 관련된 것으로 자신의 운명을 스스로 통제하고 있다는 자신감을 의미한다. 가장 기초적인 욕구를 충족한 사람들에게 더 먹고, 더 안전한 것은 의미가 없다. 우리의 잠재력을 최대한 발현할 수 있게 하는 것은 그 이상의 고차원적 욕구, 즉 소속감, 자기존중, 자아실현의 욕구다.

▎자아실현 방식으로 수영 배우기

강연 때마다 청중에게 하는 단골 질문이 있다.

"스스로를 진정으로 자랑스러워했던 순간, 즉 최고의 성취감을 만끽했던 순간에 대해 이야기해달라."

샐리는 수영을 처음 배웠을 때라고 말했다. 그게 뭐 그리 대단한 일이겠는가? 그러나 샐리가 수영에 입문한 방식이 대단했다.

● ● ●

샐리는 어렸을 때 수영을 배운 적이 없다. 그러다 스물다섯이 되던 해 샐리는 결심했다. 이제는 수영을 배울 때라고. 더 늦기 전에. 그녀는 수영강습을 받는 대신 친구들과 지중해로 요트여행을 떠났다. 그러고는 함께 간 친구들에게 물에 뛰어들어 커다란 원을 만들어달라고 부탁했다. 샐리는 원 안쪽으로 몸을 던진 뒤 헤엄치기 시작했다.

나는 이 이야기를 좋아한다. 사람들에게 자아실현의 동기가 부여됐을 때 어떤 일을 할 수 있는지 잘 보여주기 때문이다. 당신이 누군가에게 수영을 가르친다면 아마도 목표부터 설정할 것이다. 그 다음 몇 가지 필요한 강습을 주선하고 쉬운 것부터 차례차례 익혀나가도록 지도할 것이다.

"당장 배를 타고 나가 깊은 바다로 뛰어들어라"라고 지도하는 사람은 거의 없다. 설사 그렇게 한다 해도 성공하기 어렵다. 그 것은 당신의 아이디어지 수영을 배우고자 하는 사람의 아이디어가 아니기 때문이다. 샐리와 달리 스스로 결심하지 않은 사람에게 바다에서 수영 배우기는 죽기 살기로 성공시켜야 하는 일이 아니다. 물론 주변에 수영을 잘하는 친구들이 많이 있더라도 이 방식을 권유하지는 않는다.

우리에게는 샐리 같은 사람들이 필요하다. 리더라면 직원의 자아실현 욕구에 불을 지펴라. 인센티브나 목표관리를 통해서 얻을 수 있는 성과보다 훨씬 더 높은 성과를 직원이 자발적으로 만들어낼 것이다.

질 문

/

당신의 회사는 직원의 기초적인 욕구를 충족시
키고 있는가? 직원에게 직무 수행을 방해하는
것이 무엇인지 물어본 일이 있는가?

/

직원이 자아실현의 욕구를 충족시킬 수 있도록
어떤 조치를 취했는가? 직원이 자아실현할 자
유와 필요한 지원을 제공하고 있는가?

직원의 욕구를
해결하라

매슬로의 욕구단계설을 본떠서 '경영관리의 욕구단계설'을 생각해봤다. 다음 페이지의 그림을 참고하라. 하단에 소통과 보상, 직장 내 안전, 안정감이 자리 잡고 있다. 경영에 반드시 필요한 요소임에 틀림없다. 그러나 이것만으로는 충분하지 않다.

하트퍼드셔 소방서의 이야기에서 보았듯이 훌륭한 일터를 만드는 첫걸음은 하단의 기초적인 욕구를 해결하는 것이다. 예를 들어 사무실 의자가 부실해서 직원이 요통을 호소하거나 일한 만큼 정당한 보수가 지급되지 않는다면 이를 해결할 때까지 직원이 더 높은 욕구단계로 나아가기를 기대할 수 없다.

마이클 에브라소프Michael Abrashoff가 미 해군 벤폴드함USS

```
자유
신뢰
지원, 도전

소통
보상, 직장 내 안전, 안정감
```

〈경영관리의 욕구단계설〉

Benfold 함장으로 취임해서 가장 먼저 한 일이 승조원들과의 대화였다. 벤폴드함 운용과 관련해서 무엇이 잘 진행되고 무엇이 차질을 빚고 있는지, 승조원들의 애로사항은 무엇인지, 어떤 조치가 긴급하게 필요한지 등에 관해 대화를 나눴다.

에브라소프 함장은 이 과정에서 승조원들이 가장 싫어하는 작업을 파악했다. 배가 수리 및 점검을 위해 드라이 독dry dock에 들어왔을 때 배 바닥에 외부로 돌출된 나사의 녹을 긁어내는 일이었다. 생각해보라. 나사 하나하나의 녹을 수작업으로 제거하는 일이 얼마나 더디고 고생스러운 일인지를. 함장은 즉각 해결책을 찾아 나섰고, 4만 달러만 투자하면 나사를 녹슬지 않는 합금 나사로 대체할 수 있음을 알아냈다. 바로 실행했다. 결과적으로 돈도 절약되고 시간도 절약됐다.

그러나 이보다 중요한 것은 그 지겨운 작업을 그만해도 된다는 사실을 알았을 때 승조원들의 사기가 하늘을 찌를 듯이 높아졌다는 점이다. 누구라도 의지만 있었다면, 또한 소통의 중요성을 이해했다면 에브라소프 함장의 해결책을 찾아냈을 것이다. 하지만 어느 누구도 승조원들의 의견에 귀를 기울이고 그들이 가장 싫어하는 작업을 찾아 없애려 하지 않았다.[8]

소통 다음의 경영관리 욕구는 '지원'과 '도전'이다. 최상위의 욕구는 '신뢰'와 '자유'다. 신뢰와 자유는 최선을 다해 즐겁게 일하는 사람들을 특징짓는 요소다. 이는 매슬로의 욕구단계설과도 일치한다. 최상위 욕구인 자아실현은 신뢰와 자유를 전제로 한다. 신뢰와 자유가 부여돼야 사람들은 운명을 스스로 개척해나갈 수 있다.

당신의 조직은 피라미드의 어느 부분에 초점을 맞추고 있는가? 대부분은 여전히 아래쪽의 기초적인 욕구, 즉 보상이나 일터의 안전, 안정감을 제공하는 데 몰두하고 있을 것이다. '훌륭한 경영관리란 무엇인가'라는 물음에 대다수 사람이 그렇다고 대답했다. 반면에 가장 일하기 좋은 회사들은 이미 기초적인 1단계 욕구를 넘어서 최상위 욕구인 신뢰와 자유에 초점을 맞춰 경영한다.

이 책의 궁극적인 목표는 당신으로 하여금 조직 전반에 걸쳐 신뢰와 자유를 구현할 수 있는 구조를 갖추도록 돕는 것이다.

질 문

/

당신 회사의 경영진은 현재 경영관리의 초점을
어디에 맞추고 있는가?

/

만약 직원의 도전의식을 북돋고 스스로 해법을
찾아내도록 신뢰와 자유를 부여하는 데 경영의
초점을 맞춘다면 당신의 회사는 어떻게 달라질
것인가?

4장

명확한 가이드라인 안에서
자유를 부여하라

원칙을
설정하라

2009년 〈포춘〉은 타이거 우즈Tiger Woods에게 인생 최고의 조언이 무엇이었는지 물었다.

• • •

"여섯 또는 일곱 살 때로 기억한다. 아빠와 해군 골프장Navy Golf Course*을 자주 들락거렸다. 아빠는 묻곤 했다. '오케이, 어디로 치고

---

* 미국 캘리포니아주 오렌지카운티 사이프러스 시에 에 위치한 미 해군 소속 골프장. 민간인에게도 개방돼 있다. 해군 골프장답게 18홀인 정규 코스는 Destroyer(전투함) 코스, 9홀 코스는 Cruiser(순양함) 코스로 칭한다. 타이거 우즈가 어렸을 때 연습 라운딩을 자주 했던 곳으로 유명하다. 18홀 코스는 전장 6,199.6미터로 아마추어에겐 쉽지 않다.

싶니?' 내가 한 지점을 골라 그쪽으로 볼을 보내고 싶다고 말하면 아빠가 어깨를 으쓱이며 말했다. '좋아, 그러면 어떻게 해야 하는지 생각해봐라.' 아빠는 내 팔의 위치를 잡아주거나 내 발을 조정해주거나 나의 생각을 바꾸려 하지 않았다. 내가 자세를 잡으면 '그래, 이제 볼을 쳐!'라고 말했을 뿐이다."**1**

타이거 우즈의 경험담은 천재를 어떻게 육성하는가에 관한 심오한 교훈을 제공한다. 천재는 키우는 것이 아니라 스스로 크는 것이고, 이것을 돕는 것이 주변의 역할이다.

이를 경영에 대입해서 생각해보자. 직원 한 명과 마주앉아 역량을 개발하기 위한 계획을 짠다고 가정해보자. 가장 현명한 방법은 직원 스스로 목표를 설정하도록 하는 것이다. 목표를 달성하는 방법을 찾아내는 것도 직원의 몫이다. 절대로 직원에게 무엇을 어떻게 하라고 말하지 마라. 대신 격려와 지원을 아끼지 마라.

친구 빌이 새로 취직한 회사에서 직무설명서를 받았다. 거기에는 단 세 단어가 적혀 있었다.

"멋진 일을 해라Do cool stuff."

심삭하겠시만 인터넷 회사다. 빌은 분명 '멋진 일'을 해냈을 것이다. 그러나 이처럼 간단한 직무설명서가 우리 모두에게 효과적인 것은 아니다. 대다수의 기업은 직원이 회사가 필요로 하는 일을 수행할 것이라는 확신을 갖고 싶어 한다. 대부분의 직원도 회사가 일정한 가이드라인을 제시해줄 것을 원한다. 백지 상태에서 "네가 알아서 하라"라고 말하는 것보다 업무 수행에 참고가 될 만한 지침이 있었으면 좋겠다고 생각한다.

최근 한 컨퍼런스에서 청중을 대상으로 업무를 수행할 때 자유와 관련한 3가지 선택지를 주고 선호도를 조사했다.

1 완전한 자유: 7퍼센트

2 명확한 가이드라인 내에서의 자유: 89퍼센트

3 지시에 따른 업무수행: 4퍼센트

Happy가 고객 회사 직원을 대상으로 실시하는 설문조사에서도 비슷한 응답 비율이 반복적으로 나타났다. 직원들이 완전한 자유를 요구하는 경우는 매우 드물다. 가장 일반적인 답변은 "우리에게 명확한 가이드라인을 달라. 그리고 가이드라인 내에서 업무를 수행할 자유를 달라"는 것이다.

┃ 직원을 복제품으로 만들지 마라

Happy는 1980년대 후반 런던 해크니Hackney에 위치한 우리 집 뒷방에서 시작됐다. 나는 직접 IT 강사로 일했고 자신감으로 충만해 있었다. 회사가 크게 성장하려면 직원 한 명 한 명이 모두 나처럼 훈련받은 전문가여야 한다고 생각했다.

당시 나에게는 겸손이라는 장점이 없었다. 그래서 내가 프리랜서 강사 훈련을 맡으면 반드시 그들이 강의를 나만큼 잘하는지 확인해야 직성이 풀렸다. 프리랜서 강사가 진행하는 수업마다 나타나 뒤편에 앉아 열심히 메모했다. 강사가 잘한 것과 개선할 점을 상세히 적었다.

강의가 끝나면 강사와 마주앉아서 내가 메모한 내용을 하나하나 자세하게 알려줬다. 그러나 내 행동은 완전한 실패였다. 강사들은 내가 도움을 주고 있다는 사실을 인정하지 않았다. 나는 관리자들이 겪는 두 개의 함정에 빠졌던 것이다.

첫째로 나는 강사들이 내 방식을 똑같이 따라하도록 강요하고 있었다. 많은 관리자가 그렇듯이 나의 '복제품'을 만들려고 했던 것이다. 그러나 직원이 할 수 있는 최선이 '당신 수준에 이르는 것'이라면 당신은 언제나 차선의 복제품만 만들 수 있을 뿐이다. 당신을 뛰어넘는 직원은 결코 나올 수 없다.

둘째는 교육 훈련이라는 '직무'를 '프로세스'로 바꾸려했다는 점이다. 제조업에서는 이것이 가능할지 모르겠지만 교육산업처럼 서비스를 제공하는 일에서는 불가능하다. 모든 사람은 다르기 때문이다.

이러한 깨달음은 나에게 변화를 요구했다. 그렇다고 내가 방향을 180도 바꿔서 강사들이 무엇이든 알아서 하도록 내버려둔 것은 아니다. 당시 컴퓨터 교육의 표준 강의법은 '주입식 교육'이었다. 강사가 맨 앞줄에 앉아서 수강생들에게 무엇을 어떻게 하라고 말하는 방식이 일반적이었다. Happy의 고객 만족도가 높은 것은 주입식 교육을 버렸기 때문이었다. 우리는 강의시간 내내 질문을 던지며 수강생을 수업에 참여시켰다. 수강생이 스스로 컴퓨터 사용법을 찾아내도록 유도하고 IT 학습 자체를 재미있는 경험으로 만드는 것이 우리의 목표였다.

그래서 당시 몇몇에 불과했던 강사들과 모여서 하나의 '프레임워크'를 만들었다. 우선 해피컴퓨터스 강사들이 지켜야 하는 원칙을 정리했다. 내 기억으로는 당시 만든 지침이 4쪽 분량이었는데, 그중 가장 중요한 원칙은 아주 간단했다.

"질문할 수 있을 때 말하지 말라."

수강생을 가르치려 하지 말고 질문을 던져 스스로 깨닫게 하라는 말이다. 이것이 바로 우리의 핵심원칙이다. 강의할 때나 관리자로서 직원을 관리할 때도 마찬가지다. 지금도 우리가 하는 모든 일에는 이 원칙이 적용된다.

문서를 작성할 때 중요 항목을 강조하기 위해 사용하는 동그라미나 네모꼴 등의 특수문자인 '불릿 포인트Bullet Point'에 대해 강의한다고 가정해보자. "불릿 포인트를 적용할 때는 점 3개가 있는 버튼을 눌러라"라고 말하지 않고 "툴바를 살펴보세요. 어느 것이 불릿 포인트 버튼처럼 보이나요?"라고 묻는 것이다. 한 단계 더 깊이 들어가면 불릿 포인트 기능을 언제 어떻게 사용할 것인지를 물을 수도 있다.

원칙을 설정한 다음에는 강사들이 달성해야 할 목표에 대해 합의했다. 목표는 매우 명확했다.

"수강생들이 강의를 즐기고 돌아갈 때는 소프트웨어 사용 능력과 자신감을 갖게 하자."

강의 종료 때마다 수강생들의 강의평가를 실시해서 '목표 달성' 여부를 평가했다. 현재는 교육 후 일정기간이 지나면 서베이survey를 실시한다. 실제 업무 수행에 우리 교육이 얼마나 도움을 주었는지를 평가하기 위해서다.

이 같은 프레임워크는 전체는 아닐지라도 많은 직무에 적용할 수 있다. 직원이 '원칙'을 지키면서 일하고 '목표'를 달성한다면 나머지 세부사항에 대해서는 걱정할 필요가 없다. 중요한 것은 직원에게 자유와 유연성을 보장하고, 직원 스스로 개선하고 혁신할 수 있는 프레임워크를 만드는 것이다.

Happy는 이를 실천했다. 요즘 내가 강사로 나서면 강의평가에서 상위 50퍼센트 이내에 드는 일이 드물다. 강사들이 프레임워크를 지키면서 끊임없이 새로운 방식을 개발하니 내가 도저히 쫓아갈 수가 없다. 강사 중 8명은 IT 교육원Institute of IT Training*이 선정하는 '올해의 강사' 메달 수상자들이다. 영국 최고의 IT 강사에게 시상하는 금메달만 4개다. 영국의 어떤 IT 교육기관도 이 기록을 깨지 못하고 있다.

● 1995년 영국에서 IT 전문가들이 만든 비영리기관이다. 3,000명의 회원과 400개 기업회원을 보유하고 있다. 지금은 The Learning & Performance Institute로 이름을 바꿨다. 더 자세한 사항은 웹사이트를 참고하라. https://www.thelpi.org

질 문

/

직원이 '자유롭게' 스스로의 업무 수행 방식을
찾게 하려면 어떤 원칙을 설정해야 할까?

/

당신과 조직원은 각각의 직무에서 달성해야 할
핵심 목표를 갖고 있는가?

원칙과 목표는
누가 만드는가

Happy에는 '직무 오너십 모델Job Ownership Model'이 있다. 회사와 직원의 합의된 원칙과 목표 내에서 직원에게 동기를 부여하고 업무수행의 자율권을 보장한다. 여기에 두 가지 요소가 추가된다. '지원'과 '피드백'이다. 다음 페이지의 그림을 참고하라.

원칙은 직원이 아니라 회사가 만드는 것이다. 예를 들어 당신이 국제사면기구Amnesty International에 취직한다면 사형제도가 바람직하다고 말하거나 이를 두고 논쟁을 벌일 수 없다. 국제사면기구는 공식적으로 사형제도에 반대하는 기관이기 때문이다. 국제사면기구에서 일한다는 것은 사형 반대의 원칙을 수용한다는 것을 의미한다. 마찬가지로 회사들은 잘 정리된 원칙을 갖고 있

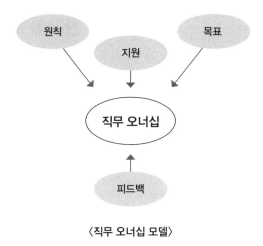

〈직무 오너십 모델〉

으며 직원들은 이를 수용해야 한다.

그러면 목표는 누가 정해야 할까? 이 질문을 던지면 대다수가 회사와 직원이 함께 정해야 한다고 답한다. 그렇다면 아래 두 개의 질문에는 어떻게 답할 것인가?

1 경영연구자들의 연구결과에 따르면 누가 더 달성하기 어려운 목표를 설정하는가? 관리자인가, 직원인가?

2 목표 달성 가능성은 언제 높아지는가? 관리자가 설정할 때인가, 직원이 설정할 때인가?

첫 번째 질문에 대한 답은 대개의 경우 직원이 더 어려운 목표를 설정한다는 것이다. 두 번째 질문의 답은 명확하다. 직원이 스스로 목표를 설정하면 헌신의 강도가 높아진다. 따라서 목표 달성 가능성도 높아진다.

Happy는 신입사원에 한해서만 회사가 목표를 정한다. 수습기간 동안 신입사원에게 회사가 요구하는 업무 수행의 질적 수준에 대해 설명한다. 강사의 목표는 강사평가에서 92퍼센트 이상을 달성하는 것이며 90퍼센트 이상을 얻어야 계속 일할 수 있다.

우리는 강사에게 높은 기대치를 갖고 있다. Happy의 주력인 해피컴퓨터스는 지난 10년 이상 매년 '올해의 IT 교육기관' 최종 후보에 오른 유일한 회사다. 금메달 2회, 은메달 4회, 동메달 3회의 수상경력을 자랑하고 있다. 해피컴퓨터스의 고객 만족도는 언제나 업계 1위다.

따라서 우리는 신입사원이 자기가 원하는 것만 하도록 내버려두지 않는다. 자신의 일을 스스로 정하는 것도 허용하지 않는다. 주어진 직무에서 집중할 분야를 선택하는 것은 어느 정도 의견을 반영하지만, 핵심 목표는 회사가 설정한다. 그러나 수습기간이 끝나면 직원 스스로 자신의 목표를 정한다. 강의평가에서 몇 퍼센트 달성을 목표로 할 것인지, 회사 매출에 얼마나 기여할 것인지, 자기계발에는 얼마나 노력할 것인지 스스로 정한다.

목표를 직원 스스로 결정하게 하는 일은 결코 쉽지 않다. 업무 수행과 성과에 대한 책임이 뒤따라야 한다. W.L. 고어의 최고경영자 테리 켈리Terry Kelly는 〈월스트리트저널〉과의 인터뷰에서 이렇게 말했다.

"리더가 직원에게 무엇을 하라고 지시하기보다는 직원 각자가 스스로 할 일과 회사에 가장 크게 기여할 수 있는 분야를 결정하도록 하는 것이 경영에 훨씬 더 강력한 영향을 미친다. 그러나 이 점은 분명히 해야 한다. 어소시에이트Associate*로서 행한 약속(목표 등)은 반드시 지켜져야 한다. 직원의 역할은 동전의 양면과 같다. 앞면이 자율적 목표 설정이라면 뒷면은 그 약속을 이행하는 책무다."[2]

W.L. 고어는 우리 회사보다 더 많은 재량권을 직원에게 부여하는 듯하다. 그러나 두 회사는 직원의 약속 이행과 책임감에 대한 믿음을 공유한다. 내가 이제까지 말한 '신뢰', '명확한 가이드

• W.L. 고어에서 직원을 지칭하는 용어. 그러나 단순한 직원이 아니다. 회사의 공동소유자 개념이다. 회사명에 창업주 이름 뒤에 Associates가 붙은 이유이기도 하다. 그래서 직원이라고 단순 번역할 수 없다.

라인 내에서의 자유' 등은 결과에 대한 완전한 책임을 전제로 하는 것이다. 바로 이 점이 쉽지 않은 요소다.

가족 비즈니스로 소규모 오피스용품 공급업체를 운영하던 내 친구 크레이그 애쉬비Craig Ashby가 영업사원들이 스스로 목표를 설정하도록 도와달라고 요청한 일이 있다. 그 후 영업사원들이 제출한 목표를 보고 애쉬비가 놀라며 말했다.

"모두가 내가 생각했던 기준보다 높은 목표를 제시했어."

질 문

/

직원이 각자의 목표를 명확히 이해하고 목표
달성이 자신의 책무임을 잘 인지하고 있는가?

/

목표 달성에 대한 직원의 책임감을 높이려면
무엇을 해야 할까?

직원을 위한
지원을 아끼지 말라

출근길에 매니저로부터 "할 말이 있으니 오후 2시 30분까지 내 사무실로 와 주세요"라는 메시지를 받았다고 가정해보자. 좋은 일이 있을 것 같아서 흥분되는가? 아침 내내 미팅을 학수고대하면서 시간을 보낼 것 같은가?

솔직히 말하면 그렇지 않을 것이다. 대부분의 경우 이런 연락을 받으면 무슨 일인지 걱정하느라 오전 근무를 망친다. 그러나 사람 관리의 초점이 '지원'과 '도움'에 맞춰 있다면 사정이 달라진다. 매니저의 관심을 오롯이 받을 수 있는 많지 않은 기회이기 때문에 오전 내내 기대감을 갖고 일할 수 있다.

나는 청중에게 이 이야기를 전하면서 종종 질문한다.

"직무 오너십에서 말하는 '지원'이 '매니지먼트'와 같은 개념인가?"

대다수 청중이 "그렇지 않다"고 답한다. 지원이 '좋은' 매니지먼트와 동일할 수 있음에도 청중은 다르다고 생각한다. 지원은 주는 것이 아니라 받는 것이다. 지원해야 할 내용을 관리자가 정할 수 없다.

업무 수행에 있어 어떤 유형의 지원과 도움이 얼마나 필요한지를 아는 사람은 바로 직원이다. 관리자의 책무는 직원이 필요로 하는 지원이 무엇인지 '파악'하는 것이다. 그러나 매니지먼트는 대개 이와 반대로 움직인다. 지원하는 것을 시혜적으로 생각해서 생색내고, "내가 이렇게 도와줄게"라고 말한다. 아니면 관리자가 해야 할 일이나 필요한 내용을 지원이라고 포장해서 직원들에게 지시한다. 그래서 대부분의 직장인은 도움이 필요할 때 상사를 찾아가지 않고 동료에게 요청한다.

질 문

/

경영관리가 직원을 지원하고 도움을 주는 데
초점을 맞추고 있는가?

/

직원이 필요한 지원을 확실히 받을 수 있게 하
는 방법은 무엇이 있을까?

관리자는
피드백에서 손을 떼라

직무 오너십 모델에서 피드백은 중요하다. 스스로 업무를 잘 수행하고 있다는 자신감이 들 때 직원은 직무 오너십을 갖는다. 사람들에게 상사의 피드백 주기를 물으면 가장 많은 답변이 '일 년에 한 번'이다. 일 년에 한, 번? 그것은 피드백이 아니라 업무 평가다.

축구에 비유해서 한번 생각해보자. 경기가 끝난 뒤 축구선수 가 열심히, 그리고 효율적으로 뛰었는지, 골 결정력이 어떤 수준 이었는지를 6개월 후에나 이야기할 수 있다고 가정해보라. 감독 이 선수가 넣은 골이 오롯이 선수가 잘해서 넣었다고 판단하고 피드백하는 네 6개월이 걸린다고 상상해본다면 과연 축구선수들이 자신의 기량을 제대로 발휘할 수 있을까? 프리미어리그의 대표선수가 되기 위해 무엇을 개선해야 하는지 선수들이 파악할 수 있을까?

피드백은 직무 오너십 모델의 핵심이다. 진정한 직무 오너십을 가지려면 자신이 업무를 제대로 수행하고 있는지 알 수 있어야 한다. 그러나 진정한 피드백을 얻고자 하면 직속 상사나 관리자로부터 피드백을 구하지 마라. 관리자들의 피드백은 결코 당신과 함께 일한 회사 동료나 고객이 줄 수 있는 직접적인 피드백의 수준을 따라갈 수 없다.

피드백을 통해 긍정적인 변화를 이룬 랙스페이스Rackspace의 사례를 보자.

• • •

랙스페이스는 '퍼내틱 서포트Fanatic Support'*로 잘 알려져 있는 영국의 웹호스팅 회사다. 랙스페이스는 Happy의 뒤를 이어 '영국 서비

• 랙스페이스가 제공하는 고객 서비스 프로그램의 이름이다. 고객에는 마이크로소프트 애저, 아마존 웹 서비스 등 세계적인 기업들이 포함돼 있다. Fanatic은 열성적인, 광신적인 등을 의미하는 단어로 Rackspace가 헌신적인 고객 서비스 수준을 강조하는 의미에서 그렇게 작명한 것으로 보인다. 이 회사의 모토는 'Passionate Experts, Dedicated to Your Sucess'다. 더 자세한 내용은 웹사이트를 참조하라. https://www.rackspace.com/

스 대상'을 2회 수상했고, '영국 최고의 일터 리스트'에도 선정됐다. 훌륭한 일터를 만들기 위한 회사의 열정은 직원에 대한 높은 기대감과 한몸을 이룬다. 이 회사의 분기별 피드백에는 '동료 평가'가 포함돼 있다.

회사가 동료 평가를 처음 실시했을 때 지원부서의 한 직원이(제프라고 칭하겠다) 최하위를 차지했다. 회사는 동료 평가 결과가 나쁜 직원을 대상으로 추가적인 피드백 세션을 진행했다.

동료들의 가장 큰 불만은 제프가 전화를 받지 않는다는 점이었다. 모두가 바쁠 때도 제프는 전화를 받지 않는다고 화가 나 있었다. 지원부서에 있으니 전화받는 일은 그의 업무였다. 제프는 아연실색했지만 적어도 무엇을 고쳐야 하는지는 분명히 파악했다.

다음 분기 피드백에서 제프는 동료 평가 1등을 차지했다. 동료들은 항상 제프가 먼저 나서기 때문에 자신들은 전화를 받을 기회조차 없다고 보고했다.

피드백은 당사자에게 '직접' 전달돼야 한다. 관리자가 피드백을 '해석'하는 순간 직원은 그것을 더 이상 피드백으로 받아들이지 않는다. 피드백 결과의 소유권은 회사가 아니라 피드백을 받은 개인에게 있다. 우리 회사의 강사 담당 매니저 니키 스톤Nicky

Stone의 증언을 들어보다.

"내가 피드백 결과를 제시하며 강사들과 미팅하는 것보다 강사들이 자신의 피드백 결과를 들고 와서 함께 개선점을 토의할 때 더 생산적이고 우호적인 미팅이 가능했다."

강사들은 매일 강의가 끝난 후 구조화된 피드백을 받는다. 관리부서에서 수강생 피드백을 받아 분석하는 것이 아니라 강사들이 직접 피드백을 받고 분석한다. 직원들은 피드백을 긍정적으로 받아들인다. Happy는 현재 코디네이터coordinator와 관리자manager에 대한 상향 평가, 전직원을 대상으로 한 동료 평가, IT 지원이나 운영부서에 대한 별도의 피드백 시스템을 운영하고 있다. 참고로 Happy에는 하향 평가가 없다.

질 문

/

당신의 직원은 직무 수행과 관련해 얼마나 많은 피드백을 받고 있는가?

/

직원이 고객과 동료로부터 더 많은, 더 깊이 있는 피드백을 받게 하려면 무엇을 해야 하는가?

업무 성과 추적도
직원에게 맡겨라

영국 서부의 브리스톨Bristol 시정부 주택부에는 월세 체납 세입자들을 상대로 한 소송을 전담하는 소규모 법무팀이 있다. 법무팀은 많은 미결 업무에 허덕이고 있었으며 세입자들도 곱게 평가해주지 않았다. 그때 크리스 나이트Chris Knight가 매니저로 부임했다. 크리스는 직원에게 해야 할 일을 하나하나 지시하면서 미결 업무 처리에 매진했다.

그러나 노력만큼 뚜렷한 성과가 나지 않았다. 새로운 전략이 필요했다. 그러던 어느 날 좋은 아이디어가 떠올랐다. 크리스는 직원들에게 한 건의 월세 체납 소송을 제기하는 데 필요한 적절한 시간을 물었다. 직원들은 근무일을 기준으로 10일을 넘어서는 안 된다고 말했다.

크리스는 곧 열흘이 경과했음에도 불구하고 처리하지 못한 모든 케이스의 '총초과일수'을 계산하는 조회 시스템을 만들었다. 크리스는 신중했다. 총초과일수를 자신이 계산하지 않고 직원이 매일 돌아가면서 산출하도록 했다. 그리고 일별 총초과일수를 보여주는 커다란 그래프를 사무실 벽에 붙여 모두가 볼 수 있게 하라고 요청했다.

첫날 집계된 총초과일수는 8,000일. 그런데 단 며칠 만에 4,000일로 줄었다. 업무 처리 속도가 갑자기 빨라져서 그런 것이 아니다. 비결은 이랬다. 실제로 종결된 케이스임에도 불구하고 종결 버튼을 누르지 않아 미결로 남아 있던 케이스들이 너무나도 많았던 것이다. 직원조차 모르고 있었다. 이를 일거에 종결 처리하자 총초과일수가 절반으로 줄었다. 크리스가 몇 달을 매달려도 할 수 없었던 일을 컴퓨터 클릭 몇 번으로 단숨에 해결한 것이다.

직원들은 교대로 매일 총초과일수를 산출하면서 숫자에 대해 오너십을 갖게 됐다. 일단 오너십으로 무장하자 거침이 없었다. 크리스가 제안했으나 현실성이 없다고 무시당했던 제안들도 다시 소환됐다. 그래프는 지속적으로 아래로 히락했다. 하루는 퇴근시간이 지났음에도 한 직원이 남아서 그래프를 그리고 있는 것을 발견했다. 오후 5시면 정확하게 퇴근했던 직원이다. 그러나 그날 그녀는 퇴근 직전에 그래프를 보고 어제와 똑같음을 발견했다.

"내가 조금 더 일하면 숫자를 조금이라도 줄일 수 있을 거야."

결국 그녀는 30분 더 일해서 그래프를 하락시킨 후 흡족한 표정으로 퇴근했다. 이 사례가 의미하는 것은 무엇인가? 크리스의 해석을 들어보자.

• • •

"직원에게 목표를 강요하지 않고 단 하나의 질문만 던진 것이 성공 요인이다. 하나의 케이스 종결에 필요한 적정한 시간만을 물은 것이다. 그런 다음 직원 자신이 타당하다고 생각한 '목표'에서 얼마나 뒤떨어져 있는지를 스스로 계산하게 한 것이다.

그래프를 자기 손으로 작성하면서 직원들은 경악했다. 문제가 얼마나 심각한지 모르고 있었던 것이다. 일단 이를 파악하자 직원들이 행동에 나섰다. 만약 내가 총초과일수를 계산하고 그래프도 내가 그렸다면 직원의 오너십을 작동시킬 수 없었을 것이다. 숫자는 같았겠지만 그 숫자가 직원에게 미치는 영향은 달랐을 것이다. 담당자가 자신의 성과에 대해 알지 못한다면 무엇을 어떻게 개선해야 하는지 어떻게 알겠는가?"

크리스는 이안 롭슨Ian Robson과 퍼셉션다이나믹스Perception Dynamics●로부터 아이디어를 얻었다고 한다. 업무 개선 과정에서 직원의 심리적 요소를 옳은 방향으로 이끌 수 있어야 한다는 것이 핵심이다.

● 이안 롭슨이 설립한 영국의 리더십 컨설팅회사다. 회사 내 과도한 경쟁의식을 제어하면서 고성 과팀을 창출하는 리더십에 특화돼 있다. 회사 웹사이트에 들어가면 이안 롭슨이 저술한 《The Leadership Game》의 일부를 무료로 다운받을 수 있나.

질 문

/

당신의 직원은 자신이 달성해야 할 가장 중요
한 일을 명확히 알고 있는가?

/

당신의 직원이 오너십을 갖고 업무성과를 추적
하게 할 수 있는 방법은 무엇인가?

5장

연봉을 포함한
모든 정보를 공유하라

숫자를 알면 재무성과에 오너십이 생긴다

• • •

정보가 없으면 책임질 수 없다. 정보를 갖고 있으면 책임을 회피할 수 없다.

– 얀 칼슨Jan Carlzon, 前 스칸디나비아항공 최고경영자

Happy를 설립하기 전 나는 잠깐 〈애프터 다크After Dark〉라는 심야 생방송 TV프로그램에서 조사원으로 일했다. 7명의 출연자들이 3시간 동안 하나의 주제를 놓고 토론하는 프로그램이었다. 이 방송의 생명은 출연자 섭외였다. 주제와 관련한 전문가면서 동시에 서로 다른 시각을 가진 출연자들을 찾아 재미있고 유익

한 토론이 진행되도록 돕는 것이 조사원들의 역할이었다.

해외 출연자도 적지 않았다. 해외에서 출연자를 초청하는 것은 비용이 많이 들었지만 별다른 제약이 없었다. 방송사가 예산을 얼마로 사용하라는 지침을 내려주지 않았기 때문이다. 프로그램 PD와 방송사 사장만이 예산을 알고 있었다. 예산을 물어도 답이 없었다. 따라서 조사원들은 최대한 출연자편에 서서 일했다. 최상의 편의를 제공하고 좋은 초청 조건을 제시해 해외 출연자를 섭외했다. 한 번은 미국 출연자에게 값비싼 콩코드Concorde•를 예약해주기도 했다.

조사원들이 예산을 알았더라면 콩코드 표까지 구매하지는 않았을 것이다. 출연자의 요구와 방송사 예산 사이에서 균형을 맞추기 위해 노력했을 것이다. 나도 예산 범위에서 최상의 출연자를 섭외하기 위해 노력했을 것이다. 그러나 얀 칼슨의 말처럼 예산이라는 정보가 주어지지 않았기 때문에 조사원들은 비용 지출에 책임질 수 없었다. 프로그램의 질을 높이기 위해 좋은 출연자

• 영국과 프랑스가 1976년에 상용화시켰던 초음속 비행기. 음속의 2배로 비행해 뉴욕과 런던을 단 2시간 52분 만에 주파했다. 1997년 뉴욕-런던 왕복 티켓 가격은 7,995달러(2019년 환산 가치로 약 1만 2,700달러)였다. 당시 가장 저렴한 비행편과 비교하면 30배나 비쌌다. 적자 운영, 소음 등의 문제로 2003년 서비스를 중단했다.

가 필요하다는 논리로 초청 비용에 제한을 가하지도 않았다. 이와 정반대의 사례가 Happy의 '정보 공개 정책'이다.

우리는 직원들에게 모든 정보를 공개한다. 개인정보와 징계에 대한 정보만 기밀로 취급해 공개대상에서 제외시킨다. 전직원은 재무정보를 포함해 회사 전체의 네트워크에 읽기 전용 접근 권한을 갖는다.

재무정보는 특히 적극적으로 공개한다. 직원이 재무정보를 검색할 수 있음에도 정기적으로 직원 미팅을 개최해서 내가 직접 재무성과를 발표한다. 듀플로Duplo*를 이용해 매출과 경상경비, 영업비용, 수익이 서로 어떻게 작용하는지 설명한다. 모든 직원에게 재무성과의 창출 과정을 이해시키고, 수익 창출 면에서 각자가 어떤 역할을 하고 있는지 알리기 위해서다.

그 결과 모든 직원은 자신의 업무 실적과 회사의 재무성과 간의 상관관계를 잘 이해하고 있으며, 자신의 의사결정이 회사에 미칠 재무적 영향을 의식하면서 일한다. 모든 정보를 공개하자

• 듀블로는 레고와 모양은 같으나 사이즈가 2배 더 크다. 높이, 길이, 너비가 정확히 2배다. 기존 블록을 어린아이들이 삼킬 위험성이 있어서 개발된 것이다. 레고 블록과 함께 사용할 수 있다.

직원 스스로 책임감을 갖고 비용에 민감하게 반응하게 된 것이다. Happy는 사원지주회사가 아니다. 직원이 지분을 갖고 있지 않다. 그럼에도 직원들은 불필요한 비용을 줄이려 노력하고 재무성과를 개선하는 데 관심을 갖고 일하면서 일종의 오너십을 갖게 됐다고 말한다.*

● 현재 Happy는 사원지주 트러스트를 만들어 직원에게 주식을 나눠줄 계획을 세우고 있다.

질 문

/

직원들은 재무실적을 포함해 모든 회사 정보에
접근할 수 있는가?

/

당신이 가급적 많은 정보를 직원에게 제공하지
않을 경우 어떤 일이 벌어지리라 생각하는가?

나쁜 소식일수록
더 적극적으로 알려라

1996년 해피컴퓨터스가 빠르게 성장하고 있을 때의 일이다. 단 6개월 만에 매출이 50퍼센트 증가했다. 정신을 차릴 수 없을 정도로 회사가 성장가도를 달렸다. 그 몇 달 동안은 월간재무실적을 점검할 겨를도 없었다. 분명히 회사가 잘나가고 있었기 때문에 정확한 숫자는 그리 중요해 보이지 않았다.

이러한 안이함이 치명적 실수였음이 곧 드러났다. 정신을 차리고 재무관리를 점검했을 때 나는 영업비용이 지나치게 늘어나 적자를 기록할 정도로 높아졌음을 알게 됐다. 그대로 간다면 몇 주안에 파산할 지경이었다. 이 상황을 주간 직원회의에서 보고했을 때를 기억한다.

회사를 운영하면서 이처럼 어려운 회의를 주재한 일이 별로 없을 정도로 곤혹스러운 미팅이었다. 왜냐하면 직원에게는 아무런 잘못이 없었기 때문이다. 직원은 그저 폭주하는 교육 신청을 따라잡기 위해 매우 열심히 일했을 뿐, 무엇이 잘못되고 있는지 알 수 없었다. 사장조차 문제를 파악하지 못했는데 어떻게 직원을 탓할 수 있겠는가?

다행히도 이 미팅이 전환점이 되었다. 모든 직원이 비용을 절감하는 해법을 찾았다. 한 직원이 경비지출을 제안하면 다른 직원이 그것을 더 낮은 비용으로 진행하는 방안을 제안하는 일이 몇 주간 반복됐다. 결국 수주 만에 다시 수익을 내기 시작했다. 동일한 실수를 반복하지 않기 위해서 도입한 재무관리 시스템은 향후 10년간 해피컴퓨터스의 성장에 밑거름이 되었다.

회사가 잘나갈 때는 누구나 쉽게 정보를 공개한다. 그러나 회사 상황이 좋지 않을 때 직원에게 이를 알리는 것은 용기가 필요한 일이다. 그럴수록 더 적극적으로 정보를 공개해야 한다는 것이 나의 지론이다.

Happy의 온라인학습부도 좋은 사례다. 이 부서는 일반인들이 온라인으로 학습할 수 있도록 대화형 교재를 만든다. 두 건의 대형 장기계약(그중 하나가 국민의료보험과 맺은 계약인데 교육대상이

20만 명에 달했다)이 수입의 원천이었다. 그런데 계약 만료 기간이 다가오자 비상이 걸렸다.

직원이 모두 달려들어 대체 수입원을 찾기 위해 노력했지만 실패했다. 결국 매출의 80퍼센트가 감소했다. 이 상황을 전해들은 주변의 사업가들이 충고했다. 직원을 정리해고하거나 부서를 폐쇄하라는 것이다. 우리는 다른 해법을 선택했다. 우선 직원에게 상황을 그대로 알렸다. 현재 수준의 직원 수를 유지할 수 없음을 설명했다. 직원이 원할 경우 실업급여를 받고 회사를 떠날 수 있으며 이 경우 사전에 알려줄 것을 요청했다.

한 직원이 정리해고를 선택했다. 그는 영국의 대표적인 TV 시리즈물인 〈닥터 후Dr. Who〉나 〈스푹스Spooks〉, 〈토치우드Torchwood〉 같은 드라마 대본작가가 되는 게 꿈이었다. 이후 그는 대본작가로 성공했다. 남은 팀원들은 다른 부서로 이동하거나 새로운 직장을 찾아갔다.

결과적으로 온라인학습부에는 두 명이 남았다. 온라인학습 프로그램 개발 전문가들이었다. 이들이 남기로 결정함에 따라 온라인학습 사업을 유지할 수 있었다. 현재 이들은 외부 전문가들과 더 많은 일을 하고 있다. 온라인학습 사업도 다시 흑자로 돌아섰다. 지난여름 우리는 가장 큰 정부 계약을 갱신할 수 있었는데, 오프라인 강의와 온라인 강의를 결합하는 것이었다. 만약 우리가 온라인학습부를 없앴다면 이 계약은 성사될 수 없었다.

회사에 남기로 한 직원이나 회사를 떠나기로 한 직원 모두 Happy에서 보살핌을 받았다고 느꼈다. 우리가 전하고 싶은 메시지는 이렇다.

"Happy는 회사가 어려운 상황에 처하더라도 재무적으로 가장 좋은 방법을 선택하기보다 직원을 돕기 위해 노력한다."

질 문

/

당신은 회사의 사정이 좋지 않을 때도 직원에게 회사 실적을 공개하는가?

/

명확한 이유가 없는 한 모든 정보를 공개한다면 회사에 어떤 변화가 있을 것이라고 생각하는가?

왜 연봉이
회사 기밀이어야 하는가

Happy는 모든 연봉 정보를 공개한다. 누가 얼마를 받고 일하는지 모두가 안다. 현재의 급여뿐 아니라 입사 후 지금까지 받은 총급여액도 공개된다. 물론 나의 연봉도 공개되어 있다.

이 사실을 말하면 많은 사람이 놀란다. 그리고 충고하려 한다. 회사가 아무리 공개적이라 하더라도 감출 것은 감춰야 하며 연봉이 바로 그런 정보라고 말한다. 도대체 왜 그래야 하나?

BBC 라디오 4의 한 프로그램에서 우리 회사의 '급여 공개 정책'에 대해 설명해달라는 요청이 있었다. 방송 시간을 기다리며 PD와 대화를 나누던 중 그녀가 자신의 경험담을 들려줬다.

그녀는 동료 PD의 연봉이 자기보다 1만 파운드나 높다는 사실을 알고 납득할 수 없었다. 상사를 찾아가 자신이 왜 그 친구보다 연봉을 적게 받아야 하는지 따져 물었다. 상사는 놀랍게도 솔직하게 설명했다.

"그 친구는 연봉을 그만큼 요구했지만 너는 그렇지 않았어."

상사의 대답은 마치 우는 아이에게 떡 하나 더 줬다는 식이었다. 급여를 비밀로 하면 이처럼 임의적인 요인에 따라 연봉이 책정되기 쉽다. 많이 요구하면 많이 주고, 회사 사정을 고려해서 과도한 인상을 자제하는 사람은 손해를 본다. 생산성이 있든 없든 간에 직원이 늦게까지 남아서 일하는 모습을 보이면 회사는 그 노력이 가상해서 급여를 올려주기도 한다.

급여 공개는 간단한 검증 과정을 거치는 것과 같다. 모든 사람이 매년 연봉 조정의 결과를 알 수 있으며 이의를 제기할 수 있기 때문이다. 누군가의 연봉을 인상해줄 때면 정신을 바짝 차릴 수밖에 없다.

아무리 급여를 공평하게 지급한다 해도 급여 정보를 비밀로 하면 사람들은 공평하지 않다고 생각하기 쉽다. 게임을 하는지 일을 하는지 모르겠으나 매일 사무실에 늦게까지 남아 있거나, 매니저의 술친구가 되거나, 상사의 편애를 받으면 자기보다 높은 급여를 받을 것이라고 상상한다. 직원이 이처럼 상상의 나래를 펴는 순간 사기는 떨어진다. 불행하게도 급여를 공개하지 않으면 이러한 상상이 종종 현실로 나타난다.

Happy에서 근무하는 모든 직원이 현재의 급여 수준에 만족한다고 주장할 근거는 없다. 그러나 전직원이 만족하고 있다고 주장할 수 있는 것이 하나 있다. 바로 '급여 공개 정책'이다. 최근 실시한 사내직원조사에서 이 정책에 찬반의견을 표시한 직원 중 94퍼센트가 급여 공개를 지지했다. 절대다수의 직원이 급여 공개로 자신이 앞으로 얼마나 더 벌 수 있는지 알게 됐다고 말했다. 미래 소득을 알면 미래에 대비하기도 쉽다. 직원은 이 점을 급여 공개의 장점 중 하나라고 인식했다.

일부 국가에서는 급여 공개가 논쟁거리도 되지 않는다. 노르웨이에서 강연했을 때 청중은 급여 공개 정책에 전혀 반응을 보이지 않았다. 이유는 간단했다. 노르웨이는 전체 국민의 개인별 소득을 공개하고 있기 때문이다. 누구나 인터넷을 통해 이웃이나 동료 또는 전혀 모르는 개인의 소득신고 내역을 검색할 수 있다. 노르웨이 수상이든 회사 사장이든 상관없다.

급여를 공개하지 못하는 이유

경영인들이 모인 자리에서 내가 급여 공개 정책에 대해 말하면 대부분은 "에이, 그게 어떻게 가능해"라는 반응을 보인다. 그러다 생각을 곰곰이 해본 다음에는 "맞는 말이야, 나도 한번 시도해봐야지"라고 결론짓는다. 다음의 적용 사례를 살펴보자.

• • •

2006년 독일 베를린에서 열린 〈파이낸셜타임스〉 '최고의 일터' 시상식에서 그리스의 수영장 설치회사 피시네스이데랄레스Piscines Ideales가 '유럽 10대 최고의 직장'에 선정됐다. 피시네스이데랄레스 창업자 스텔리오스 스타브리디스Stelios Stavridis가 시상식에 참석했다.

우연히 그의 옆에 앉게 된 나는 많은 대화를 나눴다. 회사 정보 공개로 화제가 옮겨가자 스텔리오스는 자신있게 말했다.

"우리 회사는 모든 정보를 투명하게 공개하고 있다. 물론 급여 정보만 빼고."

이에 나는 매우 도전적인 어조로 급여도 공개하라고 설득했다. 결국 그의 동의를 얻는 데는 실패했지만, 스텔리오스 역시 나에게 급여를 비밀로 해야 하는 이유를 설명하지 못했다.

2년 후 같은 행사에서 스텔리오스의 아들을 만났다. 막 아버지 사업에 뛰어든 참이었다. 그에게 혹시 아버지가 2년 전 나와 나눈 대화에 대해 말한 적이 있는지 물었다. 그가 대답했다. "아, 그래요? 아버지에게 그 이야기를 해준 분이 당신이었군요." 그가 이어서 말했다.

"지난해 우리 회사는 고위경영진의 연봉을 우선 공개했습니다. 올해는 전직원의 연봉을 공개했습니다. 우리는 뒤돌아보지 않고 급여 공개 정책을 밀고 나갔습니다."

2009년 피시네스이데랄레스는 중소기업 분야에서 유럽 최고의 일터로 선정됐다. 급여 공개가 선정 사유였다고 주장할 수는 없지만, 분명한 것은 급여 공개가 이 회사에 아무런 해를 끼치지 않았다는 사실이다.•

• 사례에 등장하는 아들의 이름은 콘스탄티노스 스타브리디스Konstantinos Stavridis다. 2020년 현재 이 회사의 CEO를 맡고 있다. 피시네스는 이후 성장에 성장을 거듭했으며 기업의 사회적 책임 분야에 대한 기여로 그리스인의 사랑을 받고 있다. 2014년에 환경경영상을, 2019년에는 혁신제품 및 서비스상을 수상했으며 그리스 기업윤리연구소가 시상하는 '기업윤리대상'을 거의 매년 지속적으로 수상하고 있다.

급여를 비밀로 해야 하는 이유를 물으면 놀랍게도 많은 사람이 "현재의 급여가 공평하지 않기 때문"이라고 답한다. 만약 당신의 회사 사정이 이러하다면 나는 이렇게 묻고 싶다.

"급여를 공개할 시점을 미리 정하고, 그때까지 급여의 공평성을 확보하겠다는 목표를 수립해서 실천하면 되지 않겠는가?"

질 문

/

당신의 회사가 연봉을 공개하지 않는다면 그
이유는 무엇인가?

/

모든 직원에게 회사 전체의 연봉이 공개된다
면 연봉에 대한 당신의 의사결정이 어떻게 달
라질까?

6장

학력, 경력이 아닌
태도를 보고 채용하라

회사가 인재를
발굴하지 못하는 진짜 이유

    당신이 명문 축구클럽의 선수 발굴을 책임지고 있다고 가정해보자. 후보에 오른 선수들이 연습장에서 뛰는 모습을 살피며 재능을 파악하는 것부터 시작할 것이다.

    이번에는 조금 바꿔서 축구선수를 대다수 기업들이 직원을 채용하는 방식으로 선발한다고 가정해보자. 후보 선수들을 쭉 앉혀놓고 인터뷰를 진행할 것이다. 훌륭한 축구선구가 되려면 어떤 자질이 필요한지, 인생에서 어떤 도전을 극복해왔는지 설명하게 할 것이다.

    이제 당신이 최종 후보를 두 명으로 압축했다고 가정하자. 후보 선수는 존 모트슨John Motson과 데이비드 베컴David Beckham이다. 존 모트슨은 영국의 유명한 축구해설가다. 1971년부터 지금까지 중계한 게임이 2,000개가 넘는다. 그러나 축구장에서, 예컨대 프리미어리그 같은 수준 높은 리그에서 경기를 해본 적이 없다. 베컴은 동시대 축구선수 중 가장 뛰어난 선수다. 그러나 베컴은 선수시절 초기 수줍음이 많고 내성적이며 자신의 견해를 뚜렷이 표현하는 데 어려움을 겪었던 것으로 알려져 있다.

두 사람을 운동장에서 테스트한다면 누구든 베컴을 뽑을 것이다. 그러나 기업의 채용 방식을 적용하면 베컴은 탈락한다. "축구를 잘하려면 어떻게 해야 합니까?"라고 인터뷰하는 기업의 방식을 말하는 것이다. 말로 표현하는 축구에 관한 한 모트슨을 따라갈 사람은 없다. 베컴의 수줍음은 특히나 핸디캡으로 작용했을 것이다.

가상의 시나리오지만 기업 채용 현장에서는 이 같은 일이 매일 벌어진다. 실제 업무 수행 역량이 아니라 '업무 수행에 대해 말하는 능력'을 보고 사람을 뽑는다. 그러니 많은 기업이 부적격자를 대량으로 뽑고 있다고 해도 놀랄 일이 아니다.

Happy는 사업 초기부터 이 사실을 알았다. 우리는 교육 사업이기 때문에 유능한 강사를 채용해야 한다. 훌륭한 교육 방식을 설명하라고 하면 정답을 알고 있는 듯이 청산유수로 답하는 강사 지원자들을 수없이 만났다. 그러나 수강생의 적극적인 참여를 유도하는 게 중요하다고 열변을 토한 지원자에게 시범 교육을 요청하면 단 한마디도 질문하지 않고 일방적으로 강의하고 끝낸다.

질 문

/

당신의 회사에서는 채용시 지원자에게 직무를
어떻게 수행할 것인지 설명해보라고 하는가?

/

아니면 실제로 그 일을 시켜보는가?

능력은 말보다
행동으로 보이게 하라

Happy에서는 강사를 채용할 때 일대일 면접을 거의 진행하지 않는다. 대신 지원자들을 몇 개의 그룹으로 나눠 그룹별로 첫 번째 직무 인터뷰를 실시한다. 첫 미팅에서는 강사가 시범 강의를 실시한다. 강의가 끝나면 지원자들은 우리의 교육 방식에 대해 자유롭게 토론한다. 이후 지원자들은 차례로 자신이 속한 그룹의 다른 지원자를 대상으로 시범 강의를 진행한다.

우리가 일대일 면접이 아닌 그룹별 교육(시범 강의 방식)으로 인터뷰를 실시하는 이유는 지원자들에게 회사가 기대하는 바를 명료하게 전달하기 위해서다. 지원자들에게는 이 같은 인터뷰 방식을 사전에 알려준다. 시범 강의를 진행해야 한다는 사실을 알려주고 회사 웹사이트에서 참고할 만한 동영상을 찾아보도록 안내한다.

그룹별 직무 인터뷰는 특히 지원자들이 동료 지원자와 어떻게 교류하는지를 관찰하려는 목적도 있다. 강사의 핵심 자질에는 긍정적인 마인드와 동료와 협업하고 지원하는 태도가 포함돼 있다. 이를 파악하는 가장 효과적인 방법은 그것을 직접 관찰할 수 있는 상황을 만드는 것이다.

두 번째 직무 인터뷰에서도 지원자들은 시범 강의를 진행한다. 다만 방식이 다르다. 강의 시작 5분 뒤에 강의를 중단시킨다. 강사들이 지원자를 데려가서 피드백을 주고 코칭을 실시한다. 코칭이 끝나면 다시 시범 강의를 재개한다. 이는 매우 중요한 검증 과정이다. 지원자들이 피드백을 수용해서 교육 스킬을 향상시킬 수 있는지의 여부를 파악할 수 있기 때문이다.

두 번의 직무 인터뷰에서 우리가 검증하고자 하는 핵심 자질은 '반응하고 변화하는 능력'이다. 스스로를 Happy 스타일에 적응시킨 지원자만이 최종관문을 통과한다. 다른 IT 교육기관에서 다년간 강사로 경력을 쌓은 지원자 대부분은 두 번의 직무 인터뷰를 거치면서 탈락한다. 이미 자신만의 교육 방식이 굳어져 있기 때문이다.

가장 최근에 강사로 채용된 트레이시는 직무 인터뷰 첫날 동료 지원자들을 만나보고 낙담했다고 한다. 5명의 경쟁자가 모두 경력자였기 때문이다. 그녀는 강사 경험이 전혀 없었다. 그래서 자신에게 기회가 없을 것이라고 생각했다. 그러나 우리는 트레이시를 뽑았다. 그는 Happy 스타일로 강의하고 솔선수범했으며 타인을 배려하고 지원할 수 있는 잠재력에서 가장 큰 가능성을 보여줬다.

우리는 이력서를 보지 않는다. 지원자에게 대체로 과거 경험을 묻지 않는다. 지원자의 과거가 아니라 현재의 태도, 미래 가능성을 평가한다. 우리의 최대 관심사는 그들의 잠재력을 평가하는 올바른 방법을 찾아내는 것이다.

이렇게 생각하는 사람도 있을 것이다.

"과연 조직의 고위직을 채용하는 데도 이러한 방식을 쓸 수 있을까?"

나의 대답은 명확하다. 당연히 가능하다. 나는 우리 아이들이 다니는 학교에서 학교운영위원회 위원장을 맡고 있다. 그러던 어느 날 교장이 다른 학교로 이동하면서 갑자기 바빠졌다. 새로운 교장을 채용하는 프로세스 관리가 학교운영위원회의 일이기 때문이다.

학부모와 교직원으로 구성된 운영위원들은 우선 교장의 자격 요건을 신중하게 정의했다. 그리고 교장 후보자를 철저하게 평가할 수 있도록 2일간의 평가활동을 디자인했다. 이틀간 총 16개의 활동이 준비됐다. 16개나? 많다고 생각할 수 있을 것이다. 그러나 우리에게는 준비된, 즉 역량을 제대로 갖춘 교장을 뽑는 일이 무엇보다 중요했다. 교장으로서 해야 할 주요 업무활동 16개를 선정해서 후보자들이 어떻게 소화해내는지를 평가하기로 한 것이다.

주요 내용을 보면 다음과 같다.

- 간부회의 미팅 주재(말 그대로 실제로 간부회의를 주재하는 것이다. 간부들이 후보자를 인터뷰하는 것이 아니다.)
- 학부모 및 학생들과의 미팅
- 학교운영위원회 회의 참가
- 학교에서 난제가 가장 많은 2개 부서와의 미팅
- 교직원 전체 미팅 주재

이 정도 목록만 봐도 실제 업무 수행 능력을 파악하기 위한 평가임을 알 수 있을 것이다. 학교운영위원회와의 인터뷰는 별도로 진행됐다. 흥미로운 점은 운영위원회 패널 인터뷰에서 교장으로서의 직무 수행에 대해 잘 설명해서 높은 평가를 받았던 후보자들이 실제 업무 수행 테스트에서는 낮은 점수를 받았다는 것이다. 우리는 물론 업무 수행 테스트에서 우수한 평가를 받은 사람을 택했다. 학교의 미래를 위해 올바른 결정을 했다고 믿고 있다.

실제 업무 수행 테스트를 모든 직무에 적용할 수는 없다고 주장하는 사람이 있을 수 있다. 나의 생각은 다르다. 어떤 직무든 채용 과정에서 실제 능력을 검증할 수 있는 활동을 조직할 수 있다. 물론 완벽한 모의실험은 불가능하다. 그러나 기존의 표준적인 인터뷰 방식보다는 지원자에 대해 훨씬 더 많은 것을 알 수 있다.

나는 가끔 농담조로 이런 말을 한다. "만약 뇌전문 외과의사를 뽑는다면 인터뷰에서 실제로 뇌를 자르는 것을 보고 싶다"고.

질 문

/

직원을 채용할 때 당신이 찾는 핵심 자질을 명확
하게 정의하고 진행하는가?

/

회사의 인터뷰 프로세스는 지원자가 이러한 자
질을 갖고 있는지 확인할 수 있는 실제 직무 수
행 활동을 포함하고 있는가? 그렇지 않다면 직
무 자질을 어떻게 평가하고 있는가?

태도를 보고 채용하고
역량은 훈련시켜라

이 슬로건은 내가 만든 것이 아니다. 내 기억으로는 경영학 대가 톰 피터스Tom Peters의 글에서 발견한 것이다. Happy는 이를 매우 열심히 실천하는 회사다. Happy 직원의 핵심 자격은 긍정적이고 다른 사람을 도울 줄 알아야 한다는 것이다. 이는 우리 조직문화의 중심에 자리 잡고 있으며 직원은 이를 체화해야 한다. 직무 스킬은 필요조건이지 충분조건이 아니다. 사무실에서 동료들에게 도움이 되는 사람이어야 보상도 받고 승진도 할 수 있다.

우리는 채용 과정에서 이러한 자질을 검증한다. 그래서 앞서 말한 대로 개별면접을 하지 않는다. 우리는 어떻게 한 사람이 마치 자신의 일처럼 다른 사람을 도울 수 있는지를 검증할 수 있었을까? 그렇다. 지원자들에게 타인을 도운 경험을 말해달라고 요청할 수도 있다. 그러나 우리는 지원자들에게 자신의 능력을 '말'로 설명하게 하는 방식을 매우 의미 없는 일로 간주한다.

그래서 우리는 모든 직무에 대해 그룹별 인터뷰를 진행한다. 첫 번째 직무 인터뷰는 두세 시간에 걸쳐 진행되며 지원자는 동료 지원자와 함께 실제 직무 활동에 참여한다. 우리는 이 과정에서 지원자들의 태도를 살피고, 다른 지원자들과 어떻게 어울리는지 관찰한다.

▎협업하지 못하는 전문가를 뽑으면

• • •

영국의 유명 샌드위치 체인점 프레타마제Pret a Manger*는 채용에 많

• 프레타마제는 'ready to eat'을 의미하는 프랑스 말이다. 1983년 영국 런던에서 시작된 샌드위치 체인점으로 2020년 코로나19 사태 이전까지 세계 9개국에서 450개 이상의 영업장을 운영하고 있었다. 천연식자재를 사용하고 각 영업장에서 직접 신선한 재료를 구입한다. 그날 다 팔지 못한 샌드위치는 지역자선단체에 기부한다. 일찍부터 제품 포장에 종이팩을 사용했다. 매출은 약 8억 달러. 코로나로 일부 매장을 폐쇄해야 하는 위기에서 직원 보호에 안간힘을 쓰고 있다.

은 노력을 기울이는 회사다. 채용한 뒤 직무훈련에도 정성을 쏟는다. 지원자가 면접을 통과하면 2차 테스트가 기다린다. 지원자들은 프레타마제의 영업장 한 곳에서 하루씩 근무한다. 일과가 종료되면 영업장 직원들을 대상으로 지원자를 직원으로 받아들일 것인지 의견을 묻는 투표를 실시한다. 여기서 'Yes'가 나와야 정식 직원으로 채용된다.

이 사례처럼 큰 조직이든 작은 조직이든 채용할 때는 전문성 평가에만 치우치지 않고, 일을 대하는 자세나 소통하는 태도를 주의 깊게 살펴봐야 한다.

IT 시스템을 지원하는 기술전문가를 뽑는다고 가정해보자. 두 명의 후보자가 있다. 팀은 회사의 IT 시스템을 잘 알고 있는 확실한 전문가다. 그러나 팀에게는 다른 사람을 무시하는 성향이 있어 함께 일하기는 어려운 사람이다. 스리나는 팀보다 전문성은 떨어지지만 배우려는 열의가 가득한 사람이다. 당신은 누구를 뽑겠는가?

우리는 두 유형의 지원자를 모두 채용해봤다. 기술적 전문성이 떨어지는 사람을 뽑으면 많은 어려움이 있는 게 사실이다. 그러나 우리는 동료 지원에 인색하고 협업할 줄 모르는 사람을 채용했을 때 더 큰 어려움을 겪는다는 사실을 깨달았다. 실제로 이런 직원을 뽑을 경우 핵심 전문역량이 뛰어나면 얼마든지 고약해도 괜찮다는 잘못된 메시지를 조직에 전달함으로써 회사의 전체 조직문화를 위협할 수 있다.

유통회사를 운영하는 한 친구가 자신의 경험을 전해줬다.

"우리도 똑같은 상황에 처해봤다. 기술적으로는 아주 뛰어났지만 의사소통능력이나 사회적 스킬이 형편없는 직원을 채용했다. 결국에는 관리자 한 명을 전담으로 배치해 하루 종일 그 직원을 지켜보도록 해야 했다. 만약 어떤 특별한 스킬이 회사에 절대적으로 필요해서 적절한 태도를 갖추지 못한 사람이라도 채용할 수밖에 없다면 그 대가를 치를 각오를 단단히 해야 한다."

영국의 가구 및 패션제품 유통회사 존루이스John Lewis의 전 회장 스튜어트 햄프톤 경Sir Stuart Hampton도 태도를 보고 채용하는 방식을 적극 옹호한다. 햄프톤 경은 영국의 온라인 식품배달회사 오카도Okado의 배달기사 채용기준을 예로 들어 설명했다.

"운전을 잘하는가, 못하는가는 관심 대상이 아니다. 핵심은 배달기사가 고객의 주방에 식품꾸러미를 전달할 때 고객이 받는 인상이다. 그것이 오카도가 배달기사를 뽑는 기준이다. 운전은 가르칠 수 있다."

| 헌신하는 자세가 중요하다

아벨앤콜의 대표이사 엘라 힉스가 구매부서 핵심관리자를 어떻게 채용했는지 설명했다.

• • •

처음에는 영국의 대형 슈퍼마켓에서 식품구매 경력을 쌓은 경험자들을 위주로 선발했다. 대형 슈퍼마켓에서 식품구매 업무를 담당하는 것은 쉬운 일이 아니다. 테스코Tesco나 아스다 같은 대형 슈퍼마켓은 식품구매 담당자들에게 물건을 납품받을 때마다 납품가를 깎으라고 채근하기 때문이다.

우리가 처음으로 채용한 구매 담당자는 데이브와 마이크였다. 두 명 모두 경험이 풍부하고 추진력을 갖췄으며 직무를 잘 수행하는 듯 보였다. 그러던 어느 날 갑자기 두 명이 한꺼번에 회사를 그만뒀다. 알고 보니 우리와 오랜 기간 거래해온 핵심 공급회사를 빼내 경쟁회사를 설립했다.

새로 뽑은 구매담당자는 스티브였다. 그 역시 테스코에서 구매협상업무를 담당했던 베테랑이다. 밤늦게까지 일하던 어느 날 나는 누군가 화난 목소리로 다른 사람을 야단치는 듯한 소리를 들었다.

스티브가 아벨앤콜의 핵심공급업자와 통화하면서 그를 공격하고 있었던 것이다. 알고 보니 이유는 매우 사소했다.

"죄송합니다, 10년 이상 구매업무를 담당하면서 생긴 버릇을 어찌 할 수 없습니다."

스티브는 이렇게 말하고 회사를 떠났다.

결국 아벨앤콜의 구매 업무는 줄리에게 돌아갔다. 줄리는 구매 업무에 문외한이었고 구매 담당자로 채용되지도 않았다. 사실 엘라는 줄리가 입사 때 어떤 직무로 채용됐는지도 몰랐다. 그러나 엘라는 줄리의 가치관과 헌신적인 자세를 높이 평가했다. 아벨앤콜이 지향하는 바와 잘 맞는다고 판단한 그녀는 줄리에게 구매 업무를 맡기는 결단을 내렸다. 구매부를 맡으라는 엘라의 제안에 줄리는 놀라지 않을 수 없었다. 구매 업무에 대해 아는 것이 거의 없었기 때문이다. 다행히도 스티브가 얼마간 남아서 줄리에게 노하우를 전수해줬다.

엘라의 판단은 옳았다. 줄리는 아벨앤콜이 추구하는 가치를 구매 업무에서 잘 실현했으며 성공한 구매 담당자로 남았다.

질 문

/

당신은 직원의 태도를 중요하게 생각하는가?

/

그렇다면 직원 채용에서 태도를 어떻게 검증하는가? 실제로 지원자들의 능력 못지않게 태도를 중요한 채용 기준으로 삼고 있는가?

일하는 데
학위가 왜 필요한가

버진 항공에서는 채용 시 지원자에게 학위를 요구할 수 없다고 한다. 창업자 리차드 브랜슨은 대학을 중퇴한 후 학교 주변에 한 번도 얼씬거리지 않은 것으로 유명하다. 만약 당신이 버진에서 일한다면 리차드 브랜슨 같은 사람을 제외시킬 수 있는 채용 방식을 쓰지 않을 것이다.

그러나 당신이 버진에서 일하지 않는다 하더라도 리차드 브랜슨 같은 인재를 탈락시킬 수 있는 채용 방식을 써야 할 이유가 없다. 빌 게이츠Bill Gates, 스티브 잡스Steve Jobs, 앨런 슈거Alan Sugar˙ 등 학위는 없지만 특별한 재능으로 성공한 사람들은 수없이 많다.

앞에서 잠깐 소개했던 캐시 부사니는 해피컴퓨터스 대표다.

그녀는 Happy에서 가치를 평가할 수 없을 정도로 소중한 존재다. 이 책에서 예시한 Happy의 많은 혁신 사례들은 그녀가 있었기에 가능했다. 관리자로서 그녀의 스킬은 널리 알려져 있다. 〈퍼스넬투데이〉는 캐시를 '올해의 HR 매니저'로 선정했으며, 〈데일리텔레그래프〉와 영국무역산업부Department of Trade and Industry는 '영국 최고의 보스'라는 영예를 안겨 주었다.

캐시는 학위가 없다. 학위를 중요하게 여기는 직장 같았으면 관리자 반열에 올라서지도 못했을 것이다. 이민자 가족 출신인 캐시는 16살에 학업을 중단해야 했다. 그러한 개인적 사정이 없었더라도 캐시는 대학에 가지 않았을 것이다. 학구적인 열정은 없었기 때문이다.

학문적 기술이 유용할 때가 있는 것은 사실이다. 마이크로소프트 자격증을 따거나 정부입찰서를 작성할 때가 그렇다. 매우 특정한 방식으로 복잡한 질문에 답해야 하는 경우다. 그러나 우리가 하는 일의 95퍼센트는 학문적 기술을 필요로 하지 않는다.

학위는 없지만 자신감으로 충만한 사람들을 만나보라. 잘할

- 영국의 대표적인 자수성가형 기업가이자 정치가. 가전회사 Amstrad를 창업했으며 손흥민이 소속된 토트넘 홋스퍼 FC의 회장을 역임하기도 했다.

수 있다고 자신하는 직무에 지원했지만 학위가 없다고 퇴짜를 맞았던 이야기를 들을 수 있다. 최근 한 교육과정에서 여성참가자가 이에 관한 자신의 경험을 공유해줬다.

영국 바클레이스Barclays 은행 계열의 금융리스회사 바클레이스머컨타일Barclays Mercantile에서 벌어진 일이다. 영업사원인 그녀는 연간목표를 8개월 만에 달성할 정도로 최고의 실적을 올렸다. 그러나 곧 회사를 떠났다. 승진을 위해서는 학위가 필요하다는 사실을 알게 됐기 때문이다.

다른 한 참가자도 비슷한 좌절을 맛봐야 했다. 15년 동안 사회적 약자 그룹과 일한 경험을 바탕으로 교정직에 지원하기로 했다. 그러나 그의 지원서는 검토 대상도 되지 못했다. 교도소 웹사이트가 학위가 없다는 이유로 그의 지원서 접수를 거절했기 때문이다.

전공을 불문하고 학위를 요구하는 것은 무엇을 의미하는가? "직무에 가장 적합한 사람이 아니더라도 비슷한 배경을 가진 나 같은 사람을 뽑겠다"고 말하는 것이다. 매우 차별적인 행동이다. 아직도 일부 민족이나 노동계층, 장애인들에게 대학의 문턱은 높기 때문이다. 이런 상황에서 학위를 필수로 요구하는 채용 관행은 이들을 실질적으로 차별하고 배제시키는 것이다.

사실 학력을 따지는 것은 사회적 계층 이동을 저해한다. 1960년대에는 소수의 학생만 대학에 들어갔고 학위를 요구하는 직장도 많지 않았다. 능력만 있으면 사회적 계층 이동이 가능했다. 그러나 오늘날에는 모든 분야에서 학위를 소지하지 않은 사람들에 대한 진입장벽을 목격할 수 있다.

질 문

/

당신은 직원을 채용할 때 (전공 불문하고) 학위를
요구하는가?

/

만약 그렇다면 학위를 요구하는 이유는 무엇인
가? 그러한 관행을 없앨 수는 없는가?

자격증으로는
역량을 알 수 없다

한동안 Happy의 재무관리를 나탈리 데이Natalie Day가 맡았다. 그녀는 16살에 학교를 졸업하자마자 입사했다. 몇 가지 다른 직무에서 경력을 쌓다가 재무 업무를 담당하게 됐다. 나탈리는 수학에 약했다. 학생 시절 수학시험은 늘 낙제점이었고 답안지를 제출하지 않은 경우도 있었다고 했다. 만약 나탈리가 다른 회사에 취직했다면 재무관리자는 물론 재무 업무도 하지 못했을 것이다.

도대체 재무 업무를 하는 데 수학이 왜 필요한가? 나탈리는 재무관리자로 근무하면서 한 번도 삼각형의 각도를 재거나 2차방정식을 풀지 않았다. 기초적인 대수학도 사용한 일이 없다.

그러나 '수학분야 중등학력이수 자격증General Certificate of Secondary Education, GCSE'을 얻기 위해서는 이것을 알아야 한다. 그리고 많은 영국 회사들이 채용조건으로 GCSE를 요구한다. 생각해보면 매우 이상한 관행이 아닐 수 없다.

만약 공학이나 건축학, 경제학 전문가를 채용한다면 그에 맞는 자격을 요구하는 게 타당하다. 그러나 일반적인 직무에서 고도의 수학적 지식을 요구하는 것은 이해하기 어렵다. 영업사원들이 삼각법이나 대수학을 알아야 할 이유가 무엇인가.

교육의 문제점을 말할 때 많은 기업인이 GCSE 같은 자격시험이 회사가 실제로 필요로 하는 기술을 테스트하지 못한다고 불만을 털어놓는다. 그런데 생각해보라. GCSE가 검증하는 기술은 일반 회사에서 필요한 기술과 완전히 다른 것이다.

그렇다면 회사는 어떤 선택을 해야 하는가? GCSE를 자격조건으로 활용하지 않으면 되는 것이다. 실제 직무에 필요한 기술을 파악해서 이를 기준으로 채용하면 된다. 나를 당혹스럽게 하는 것은 기업들이 불만을 제기하면서도 여전히 GCSE 자격증을 요구한다는 점이다.

나탈리의 장점은 협상과 설득력이다. 그녀는 교육기자재 납품업자들과 협의해서 최상의 거래 조건을 얻어낸다. 또한 교육

훈련비를 제때에 내지 않는 고객을 잘 설득해서 미수금을 받아 낸다. 나탈리는 국세청을 설득해서 세금 납부를 연기시키기도 했다. 이전에는 불가능하다고 생각해서 시도조차 하지 않았던 일이다.

Happy가 2001~2003년간 겪었던 재무 위기를 극복할 수 있었던 것도 나탈리의 뛰어난 현금관리 능력 덕분이었다. 나탈리의 이 같은 능력은 내가 알고 있는 한 어떤 자격시험으로도 확인할 수 없다.

┃ 자격증의 의미

자격증은 '시험에 통과할 수 있는 능력'이 있다는 것이지 실제 스킬을 갖고 있음을 증명하는 것이 아니다. 몇 년 전 네트워크 관리자를 뽑을 때 일이다. 자격조건으로 MCSE*를 요구했다. 당시 Happy는 인재 알선 회사를 이용하고 있었다. 자격증을 갖춘

● 정식 명칭은 Microsoft Certified System Engineer로, 기술직 채용에서 기본자격조건으로 활용된다.

수십 명의 이력서가 들어왔다. 우리는 직무 스킬을 직접 테스트하는 방식으로 채용을 진행했다. 네트워크 관리 업무를 수행할 때 발생 가능한 실제 문제 상황과 관련하여 간단한 기술 테스트를 실시했다. 수십 명의 지원자 중 극소수만이 이 문제를 풀 수 있었다. MCSE 자격증이 지원자들의 실제 '문제 해결 능력'을 전혀 보장해주지 못한 것이다.

Happy는 어떤 직무든 GCSE를 요구하지 않는다. 물론 수리적 사고능력, 즉 숫자를 다룰 수 있는 능력은 필요하다. 우리는 인터뷰 과정에서 실제 과제를 내주고 이를 테스트한다. 예를 들면 비용을 합산한다든지 비율을 산출한다든지 하는 식의 과제를 통해서 수리능력을 검증한다.

질 문

/

당신의 회사는 채용에서 자격증을 요구하는가?

/

그렇다면 자격증이 필요한 이유는 무엇인가?
지원자의 능력을 검증할 수 있는 다른 방법은
없는가?

채용 과정에
직원을 참여시켜라

엘라 힉스는 아벨앤콜을 매출 50만 파운드에서 2,000만 파운드로 키운 후 다른 회사로 이동했다. 이때 그녀의 나이는 30세에 불과했다. Happy는 엘라와 수년간 함께 일했다.

"Happy의 권고대로 우리는 직원들을 더 많이 참여시켰고, 그 결과 나의 스트레스가 크게 줄어들었다."

엘라의 증언이다. 관리자 채용의 대표적인 사례로 들고 있다. 이전까지는 엘라와 아벨앤콜 창업자 케이스 아벨Keith Abel이 관리자를 직접 채용했다. 이력서를 검토하고 면담한 후 둘이 합의해서 관리자를 선임했다. 관리자를 선임하는 순간부터 몇 개월에 걸친 스트레스가 시작된다.[*] 과연 사람을 제대로 뽑은 것인지, 아벨앤콜 조직문화에 잘 적응할 수 있을 것인지, 직원을 잘 통솔할 수 있을 것인지, 비록 그렇게 믿고 채용하긴 했지만 실제로 업무하는 것을 보지 않고서는 알 수 없는 일이다.

Happy와 함께 엘라와 케이스는 관리자 채용 방식을 바꾸었다. 채용 과정에 직원을 참여시킨 것이다. 관리자와 함께 일할 직원 모두가 참여하는 일련의 구조화된 상황 테스트를 진행하면서 후보자의 능력을 검증했다. 최종 결정에도 직원들이 참여했다. 이견이 노출되는 경우는 거의 없었다.

이로써 엘라는 관리자 채용에 따른 스트레스에서 완벽히 해방됐다. 특히 새로운 채용 방식의 장점은 직원이 관리자의 성공적인 데뷔를 위해 함께 노력한다는 점이다. 엘라가 말했다.

"관리자를 뽑는 데 직접 참여했기 때문에 직원은 자신의 선택이 올바른 것이었음을 입증하기 위해서 더욱 노력했다."

한두 명의 직원 대표를 뽑아 인터뷰에 참여시키는 회사도 있다. 이 방식에도 장점이 하나 있다. 현업 직원이나 후보자와 함께 일할 직원의 시각을 반영시킬 수 있다는 점이다. 그러나 한두

● 선임한 사람이 이전 직장에서 퇴사 절차를 밟고 새 직장으로 옮기는 데 보통 2~3개월 걸린다.

명이 아니라 가급적 많은 직원을 참여시키는 데는 다 이유가 있다. 보다 폭넓은 의견을 구할 수 있을 뿐 아니라 엘라가 말한 바로 그것, 직원의 헌신과 도움을 유도할 수 있기 때문이다. 직원이 돕는다면 새로 부임하는 관리자는 훨씬 더 수월하게 자리를 잡을 것이다. 새 직장에서 일을 시작하는 사람에게 함께 일하는 직원들이 그의 성공을 돕기 위해 노력하는 것보다 더 좋은 일이 있을까?

질 문

/

인터뷰를 진행할 때 당신이 채용하고자 하는
사람과 함께 일하거나 그의 밑에서 일할 직원
을 참여시키는가?

/

직원들을 참여시키기 위해 회사의 채용 시스템
을 어떻게 바꿀 수 있을까?

채용의 문을
항상 열어놓아라

Happy가 채용 과정에서 외부에 지출하는 비용은 거의 없다. 최근에 강사를 충원할 때 내가 한 일은 이메일 한 통을 보내는 게 전부였다. 일주일 사이에 93개의 온라인 지원서가 도착했다. 우리는 이 중에서 3명을 채용했다.

이렇게 할 수 있었던 이유는 '지원 대기자' 리스트가 있기 때문이다. Happy에서 신규채용 기회가 오픈되면 연락받기를 기다리는 사람들이다. 때로는 지원 대기자가 2,000명이 넘기도 한다. 직원 수가 100명도 되지 않는 회사로서는 매우 큰 잠재적 인력풀을 갖고 있는 것이다.

사람들에게 이 이야기를 하면 대개는 '존경스럽다', '부럽다'

같은 반응을 보인다. 자신이 일하는 곳도 그렇게 많은 사람이 일하고 싶어 하는 회사가 되었으면 하는 바람을 갖는다. 나는 대기자 리스트에 이름을 올려놓은 사람들 대부분이 일과 삶의 균형을 추구하고, 지역사회에 긍정적인 영향을 전하고 싶은 마음으로 훌륭한 일터를 찾는 사람들이기를 기대한다.

우리가 이렇게 강력한 대기자 리스트를 갖게 된 데는 또 다른 이유가 있다. 당연한 일인데도 이를 시행하는 회사가 많지 않다는 사실에 그저 놀랄 뿐이다. 바로 당신의 회사에서 일하고 싶은 사람들이 쉽게, 그것도 아주 쉽게 자신의 의사를 표시할 수 있도록 돕는 것이다.

Happy 웹사이트의 채용 페이지에는 누구나 들어와서 자신이 어떤 직무에 관심이 있는지 밝히고, 이메일 주소를 남길 수 있다. 이름이나 주소 작성도 필요 없다. 웹사이트에서 지원서를 다운받아 작성하거나 웹에서 직접 작성하게 요구하지도 않는다. 지원 과정은 일체 복잡할 것이 없다. 지원자들은 그저 이메일을 남기고 관심 있는 직무의 종류를 선택하는 박스 몇 개만 클릭하면 된다.

많은 기업이 신문이나 온라인 사이트를 이용해 채용 소식을 알린다. 그런데 생각해보자. 이 광고의 가독성이 얼마나 될까?

어쩌다 우연히 채용 광고가 게재된 시점에 신문을 보거나 사이트를 방문한 사람들만 볼 수 있다. 회사 웹사이트의 채용 페이지에 소식을 알리는 것도 마찬가지다. 채용 시기에 우연히 웹사이트를 방문한 사람들만 소식을 알 수 있다.

반면에 우리가 채용하고자 하는 사람들은 Happy 웹사이트를 일부러 방문하는 수고를 아끼지 않고, 꾸준한 관심을 보인다. 이러한 지원 시스템을 구축하는 데는 특별한 IT 기술이 필요하지 않다. 우리도 처음에는 자체 프로그램을 개발해서 채용 페이지를 만들었으나, 지금은 '싸인 업www.signup.to'이라는 깔끔하고 단순한 온라인 소프트웨어를 이용하고 있다.

많은 사람이 이렇게 말할 것이다.

"우리도 그렇게 하고 있어. 채용할 직무를 모두 웹사이트에 올리고 있어."

그러나 내가 하고 싶은 말을 그것이 아니다. 채용 계획이 있든 없든 간에 회사 웹사이트를 방문한 사람들의 관심을 사로잡으라는 것이다.

나는 안티도트Antidote라는 자선단체의 회장직도 맡고 있다. 학생들의 감성과 이해력 증진을 목표로 하는 단체다. 이 단체 웹사이트에도 비슷한 기능을 만들 것을 권고했다. 누구든 들어와서 지원 의사를 밝힐 수 있다. 1년 후 안티도트가 직원을 추가로 뽑기로 했을 때는 이미 수십 명의 대기자들이 인터뷰 기회를 기다리고 있었다.

질 문

/

회사 웹사이트에는 누구든 언제나 취업의사를
등록할 수 있는가?

/

그렇지 않다면 얼마나 빨리 이것이 가능하도록
웹사이트를 개편할 수 있겠는가?

저임금 직원에서도
잠재력을 찾아라

나탈리의 뒤를 이은 Happy의 재무관리자 프랜스 갈레고France Gallego는 사실 청소부로 입사했다.[1] 콜롬비아에서 이주한 그녀는 영국에 도착해 다른 이민자들과 마찬가지로 할 수 있는 일은 무엇이든 해야 했다. 다행히 Happy의 한 직원이 그녀의 잠재력을 알아보고 입사를 추천했다. 이제 프랜스는 우리 회사의 모든 회계 업무를 작동시키는 귀중한 역할을 맡고 있다.

대부분 조직에는 제대로 활용하지 못하는 재능 있는 직원들이 있다. 일단 학위나 기타 자격조건에 근거한 임의적 장벽을 걷어낸다면 이러한 재능이 모습을 드러낼 것이다. 현재 일하고 있는 직원 중에서 이러한 직원이 있는지 찾아보라.

내가 운영위원장을 맡고 있는 학교에도 유사한 사례가 있다. 청소부로 일하는 한 여성이 베네수엘라 은행에서 매니저로 일했던 이민자였던 것이다. 그녀는 학교 재무부로 전환 배치됐고 이제는 없어서는 안 될 소중한 직원이 됐다.

영국 전역에는 상대적으로 단순한 일에 종사하고 있는 경험 많고 재능 있는 이민자들이 도처에 널려 있다. 그들은 대부분 세탁소나 출장조리업 같은 저임금 직종에 종사한다. 일부 회사는 이를 인지하고 회사 내 저임금 직원 가운데 재능 있는 이들을 발굴하고자 노력하고 있다. 그러나 그렇지 않은 회사들도 많다. 엄청난 잠재적 자원을 사장시키고 있는 것이다.

Happy가 제공하는 학습 프로그램 중에 '스피드 학습의 날 Speed Learning Day'이라는 것이 있다. 참가자들이 하루 종일 하나의 주제를 놓고 학습하는 전통적인 포맷의 강의 프로그램과는 다르다. 60분 단위의 세션 여러 개를 동시에 진행한다. 수강생들은 매시간 자신이 원하는 세션에 참여한다. 6시간 교육이라면 6개의 세션에 참가할 수 있는 것이다.

이 프로그램의 특징은 일부 세션의 경우 우리가 제공하기도 하지만 대부분 교육에 참가한 기업의 직원이 강사로 나선다는 점이다. 경비원이 태극권을 가르치거나 정신과 간호사가 드라마

창작 수업을 진행하기도 한다. 직무와 관계없이 자신의 관심사나 기술을 직장 동료들과 공유할 수 있는 기회를 제공하는 것이다. 수강생 대부분은 미처 알지 못했던 동료들의 재능을 보고 놀라면서도 기뻐한다.

질 문

/

당신은 직원의 잠재력을 충분히 파악했는가?

/

특히 회사에서 가장 임금이 낮은 직원에게서
잠재력을 찾으려 노력해본 적이 있는가?

회사를 떠나는 사람도 보살펴라

"회사를 경영하면서 저지른 가장 큰 실수는 무엇입니까?"

이 질문을 받으면 하도 많아서 어떤 예를 들어야 할지 고민될 때가 있다. 생생하게 기억하는 실수 하나가 있다. 1996년 즈음이었다. 입사한 지 얼마 되지 않은 직원 데이비드를 해고하고 그날로 회사에서 떠나보냈다. 돌이켜보면 데이비드의 업무 성과가 저조했던 것은 그의 실제 능력이나 태도에 문제가 있어서가 아니라 회사가 제대로 관리하지 못했기 때문이었다. 그러나 더 큰 실수는 그를 그런 식으로 떠나보낸 것이었다.

내가 직장에서 해고당했을 때 겪었던 일을 데이비드에게 똑같이 당하게 한 게 지금도 마음이 아프다. 물론 많은 조직에서 이런 일이 비일비재하게 벌어진다. 그러나 이 같은 해고 방식은 해고당한 사람에게도, 당신에게도 도움이 되지 않는다. 또한 남아 있는 직원에게 매우 부정적 영향을 미치며 조직 내 신뢰 수준을 떨어뜨린다.

이제는 맥킨지Mckinsey 사례를 본받아 헤어질 수밖에 없는 직원을 성심껏 처우한다. 세계 최고의 경영컨설팅회사 중 하나인 맥킨지는 직원에 대한 요구수준이 매우 높기로 유명하다. 맥킨지는 컨설턴트의 역량이 파트너가 되기에 부족하다고 판단되면 개별 면담을 진행한다. 그러고는 회사를 떠나 다른 경력을 추구하는 것이 좋겠다고 솔직하게 설명한다.

하지만 갑작스러운 해고는 없다. 6개월의 기간을 주고 다른 직장을 찾을 수 있도록 배려한다. 고객 회사에 적극적으로 추천하기도 한다. 그 결과 전직 맥킨지 컨설턴트들은 주요 기업과 공공기관에 널리 퍼져 있다. 모두가 맥킨지가 훌륭한 직장이며 직원을 진정으로 보살피는 회사로 기억한다. 이들은 새로운 직장에서 컨설팅 프로젝트가 있으면 어떻게든 맥킨지에 맡기려 한다. 남아 있는 직원은 그들대로 회사가 나를 잘 보살필 것이라는 점을 알기에 사기가 더욱 진작된다.

대다수 기업은 직원을 이처럼 대우하지 않는다. 1978년에 나는 IBM에 근무했다. 한 동료가 다른 회사에 인터뷰하러 갔다는 이유로 책상을 치우고 회사를 떠나라는 일방적인 지시를 받았다. 이후 나도 다른 회사에서 유사한 경험을 겪었다. 당시 직원 3명이던 회사에서 해고를 통보받았다. Happy를 창립하는 계기를 제공했다는 측면에서는 나에게 인생 최대의 행운이었다고 말할 수 있다. 그 회사는 지금 우리의 고객사다.

대형 슈퍼마켓 체인 아스다에서 일하는 한 친구가 '좋은 해고'에 관해 이렇게 설명했다.

"누군가를 해고하기로 결정하기 전까지는 초점이 회사의 이익에 맞춰져야 한다. 그러나 해고결정을 내린 순간부터는 초점을 해고 당사자의 이익에 맞춰야 한다. 회사를 떠나야 하는 직원이 다른 곳에서 일자리를 찾는 데 어려움을 겪지 않도록 지원해야 한다."

질 문

/

직원을 해고할 때 그들이 자신감을 잃지 않고
회사에 대해서도 좋은 감정을 갖고 떠날 수 있
도록 배려하는가?

/

그렇지 않다면 어떻게 해야 그러한 방향으로
나아갈 수 있을까?

7장

직원의 실수를
축하하라

실수를 용인해야
혁신이 가능하다

• • •

Happy 강사인 대런 앤드류스Darren Andrews는 첫 강의를 망치고 말았다. 그의 강의는 재앙에 가까울 정도로 엉망이었다. 대런은 강의가 끝나자마자 스무디 부서를 찾아가 상황을 보고했다. 나는 우연히 지나가다 이 광경을 목격했다. 그를 불러 자초지종을 물었다. 대런은 자신의 준비가 부족했으며 그 결과 강의를 제대로 진행할 수 없었다고 솔직히 말했다. 나는 그를 가볍게 안아주며 말했다.

"축하해야 할 일이다."

농담이 아니다. 우리는 직원이 실험을 두려워하지 않으며, 새로운 것을 시도하고, 때로는 일을 완전히 그르칠 수도 있는 상황이나 분위기를 만들기 위해 노력하는 회사다. 게다가 대런은 자신의 잘못을 부인하거나 남에게 책임을 전가하지 않았다. 그렇기 때문에 Happy의 조직문화에서는 축하받아야 마땅했다.

나는 대런에게 실패한 첫 강의에서 무엇을 배웠으며 어떻게 개선할 것인지에 대해 일체 묻지 않았다. 대런이 잘못을 인정하고 있는 만큼 스스로 해결책을 찾아낼 것이라고 믿었기 때문이다. 아마도 동료 강사나 코디네이터Co-ordinator●의 도움을 받았을 것이다.

내가 대런에게 전하고자 했던 메시지는 그를 신뢰하며 함께 일해서 기쁘다는 점, 때로는 일이 잘못 진행될 수도 있음을 우리 모두가 잘 알고 있다는 것이었다. 게다가 대런이 곧바로 보고했기 때문에 우리는 수강생들에 전화를 걸어 양해를 구하고 신뢰를 회복할 수 있었다.

대런의 표현에 따르면 이 경험은 '일종의 계시'였다.

● Happy에서 코디네이터는 일반기업의 직속 상사line manager와 가장 가까운 직책이다. 그러나 보통의 상사들처럼 직원에게 명령하거나 지시하지 않는다. 직원에게 도움을 주고 동기를 부여하며 코치하는 것이 그들의 역할이다.

"실패할 수 있는 자유, 그러나 정직하게 실패할 수 있는 자유는 나로 하여금 안전지대에서 뛰쳐나와 새로운 것을 시도해도 된다는 자신감을 갖게 했다. 내가 할 수 있는 최선을 쏟아붓는 한, 일을 그르쳐도 비난받지 않을 것을 알기 때문이다."

어릴 때 우리는 모든 것을 잘 배운다. 특정한 장애가 있지 않은 한 모두가 걷고 말하기를 자연스럽게 터득한다. 그러나 성장할수록 학습능력이 점점 하락한다. 모든 사람이 읽기와 기초수학을 익히는 것은 아니다. 영국에서는 11세 아동의 70퍼센트가 기초학습목표를 달성한다. 16세가 되면 50퍼센트 수준으로 떨어진다.

나는 사람들이 실수나 잘못을 대하는 방식에 큰 문제가 있다고 생각한다. 우리의 유아시절 부모들은 무엇을 하든 "잘한다, 잘한다" 하며 박수치고 격려했다. 한 발짝 한 발짝 걷기를 시도하다 넘어지는 아가에게 짜증을 내는 부모는 없다. 누구도 "아니야, 그렇게 걸으면 안 돼. 이렇게 걸어. 너 정말 모르겠니?"라며 핀잔을 주지 않는다.

격려를 받으면서, 실수를 축하받으면서, 우리는 첫걸음을 내딛었고 첫 단어를 입 밖으로 냈다. 그러다 학교에 들어가는 순간 모든 것이 바뀌기 시작한다. 그때부터 부모와 교사들은 점점 더

옳고 그름을 따지기 시작한다. 아이는 잘못을 저지르지 말아야한다는 말을 귀가 따갑게 듣고 자라며, 새로운 것을 시도하는 행동 자체를 경계하기 시작한다. 야단맞지 않기 위해서다.

"실수를 축하하라"고 말하면 많은 사람이 의아해한다. '비난하지 않는' 문화가 중요하다고 생각하는 관리자들조차도 실수를 축하하라는 대목에 이르면 고개를 갸우뚱한다. 내 말이 지나치다고 생각한다. 그러나 우리는 모두가 유아기 이후 수십 년간을 '금지'와 '억제' 속에서 살아왔다. 인간의 본성은 금지와 억제가 아니다. 누구나 새로운 것을 시도하고자 하는 열망과 학습능력을 타고났다. 이것을 되찾기 위해서는 실수를 금지할 것이 아니다 오히려 권장해야 한다. 오늘날처럼 시장과 사회가 급변하는 세상에서는 더욱더 그러하다. 실험하지 않으면 성공하지 못하는 시대다.

관리자가 모든 일을 알고 통제해야 한다는 구식 경영 프레임 워크에서는 직원에게 실험을 허용하지 않는 방식이 타당해 보였을지 모르겠다. (생각하는) 하나의 두뇌와 (일하는) 수많은 손'을 가정하는 것이다. 그러나 현재 같이 빠르게 급변하는 환경에서는 수많은 두뇌와 수많은 손이 필요하다. 모든 사람이 실험할 수 있어야 한다는 말이다.

| Go make mistakes

Happy를 설립하고 나서 나의 멘토를 찾아갔다. 그는 내게 한 마디의 조언을 해줬다.

"실수를 두려워 말아라Go make mistakes."

그의 말대로 나는 실수하면서 경영을 배웠다. 성공한 기업가들은 모두가 수없는 실패와 실수를 경험한다. 이를 극복해내고 전진할 때 길이 열린다. 직원이 혁신하고 새로운 것을 시도하게 만들고 싶은가? 내가 받은 조언을 그대로 직원에게 전하라. 그리고 실수를 저질렀을 때 진심으로 축하하라.

이 세상의 많은 위대한 혁신이 실수에서 비롯됐음을 우리는 안다. 최초의 항생제 페니실린penicillin이 어떻게 발견됐는지 기억하는가? 알렉산더 프레밍Alexander Fleming이 실수로 박테리아 배양액을 방치하고 휴가를 떠났기 때문이다. 심박조절기는 윌슨 그레이트배치Wilson Greatbatch•가 측정 장치를 개발하는 과정에서 당초 1만 옴ohm 강도의 저항기를 쓰기로 했으나 1메가 옴 저항기를 잘못 사용했기 때문에 탄생했다.

미국의 화학자이자 발명가인 찰스 굿이어Charles Goodyear는 고무와 유황, 납 혼합물을 뜨거운 난로에 부어버리는 실수를 저지른 결과 가황고무를 발견했다. 타이어를 비롯해 셀 수 없을 정도의 다양한 고무제품이 그의 실수로 세상에 나타났다. 코카콜라는 미국 애틀랜타의 약사 존 펨버튼John Pemberton이 자신의 통증을 완화하기 위해 진통제를 만들다 개발했다. 토머스 에디슨 Thomas Edison은 탄소 필라멘트를 발견하기까지 수천 번의 실험에 실패해야 했다. 에디슨은 이런 말을 남겼다.

"나는 3,000번 실패한 것이 아니다. 전구를 만들 수 없는 3,000가지 방법을 찾아냈을 뿐이다."

• 미국의 발명가로 325개 이상의 특허를 받았다. 미국 발명가 명예의 전당 회원이기도 하다.

질 문

/

직원의 실수를 장려하고 환영했다면 당신의 조
직은 어떻게 달라졌을까?

/

당신이 실수를 저질렀을 때 공개적으로 "내 책
임입니다, 내가 잘못했습니다"라고 말한다면
어떤 기분이 들겠는가?

실수는
축하할 일이다

한 수습사원이 3개월의 수습기간을 마치면서 "그동안 저는 어떤 실수도 하지 않았습니다"라고 말한다면 어떤 생각이 들까? 그를 정식 사원으로 채용하겠는가?

나라면 매우 걱정할 것이다. 그의 대답에는 두 가지 가능성이 있다. 하나는 그가 정직하지 않은 경우다. 다른 하나는 회사가 수습사원이 자신의 실수를 공개적으로 말하지 못할 만큼 유연한 분위기를 조성하지 못한 경우다. 둘 다 우려할 만한 일이다. 그러나 최악은 수습사원이 실제로 아무런 실수도 저지르지 않았을 때다. 수습사원이 한번도 새로운 것을 시도하지 않았음을 의미하기 때문이다.

마이크로소프트가 캠브리지에 연구소를 개설했을 때 연구소
장이 이런 말을 했다고 한다.

"하는 일마다 성공하는 사람은 결국 실패한다."

생각해보면 맞는 말이 아닐 수 없다. 이유는 명확하다. 모든
일에 성공했다는 것은 위험을 충분히 감수하지 않았거나 새로운
기술 개발에 전력을 기울이지 않았음을 의미하기 때문이다.

내 강연에 참가한 어느 마이크로소프트 직원은 "이런 기준으
로 보면 마이크로소프트 연구소가 확실히 성공을 거두고 있다"
고 말했다. 실제로 프로젝트의 90퍼센트가 실패했다는 것이다!
프로젝트가 100퍼센트 성공한다면 회사에 기여할 수 있는 혁신
은 불가능하다. 90퍼센트를 실패한 끝에 10퍼센트를 성공해야
임팩트 있는 혁신이 탄생한다.

▎롤러스케이트의 교훈: 넘어지는 법부터 배워라

• • •

몇 년 전 두 딸에게 인라인 스케이트를 선물했다. 아이들과 즐거운
시간을 보내기 위해 내 것도 한 세트 샀다. 안전을 위해 아이용 팔꿈

치와 무릎 보호대도 샀다. 내 보호대는 망설이다 사지 않았다. 어른인 내가 보호대를 차면 얼마나 멍청하게 보이겠는가. 그 나이에 인라인도 못타고 보호대에 의지해 쩔쩔맨다? 암튼 누가 먼저 인라인 스케이트를 배웠겠는가?

두 딸이 훨씬 빨리 배웠다고 놀라는 독자는 없을 것이다. 아이들이 쌩쌩 달릴 만큼 익숙해지는 동안 나는 가로등을 붙잡지 않으면 정지하지 못할 정도로 생각보다 실력이 늘지 않았다. 나는 넘어지는 것이 두려워서 계속해서 가로등을 움켜잡았다.

그러다 우연히 롤러스케이트 강사를 만나 한 수 배웠다. 그의 비법은 넘어지는 법을 우선 배워야 한다는 것이었다. 수강생이 안전하게 넘어지는 법을 익혔다는 확신이 들어야만 다음 단계 강습을 진행한다고 했다.

그렇다. 넘어지는 법을 배워야만 넘어질 수 있다는 두려움에서 해방될 수 있다!

기술의 최전선에 있는 기업에게는 마이크로소프트의 접근방식이 반드시 필요할 것이다. 그렇다고 Happy 같은 기업 역시 예외는 아니다. 직원들은 실수를 두려워하지 않는 자세를 갖춰야 한다. 만약 직원이 하는 일마다 성공한다면, 그것은 새로운 고객 서비스 방법을 찾으려 노력하지 않았거나 위험부담을 감수하지 않는다는 것을 의미할 뿐이다.

실수는 좋은 것이다. 우리는 실수를 통해서 배운다. 실수가 없다면 과연 직원이 무엇을 배우고 무엇을 위해 열심히 일하겠는가? 롤러스케이팅 사례는 일반적인 학습방법에도 적용된다. 안전하게 넘어지듯 안전하게 실패할 수 없다면 사람들은 무엇인가를 준비하고 새롭게 시도할 수 없다. 실패를 '안전하게' 한다는 말은 실패를 하더라도 조직이나 실패한 직원에게 불이익이 없어야 한다는 것을 의미한다.

질 문

/

당신의 회사에서 사람들이 실수하거나 실패하면 어떤 일이 벌어지는가?

/

직원이 '안전하게' 실험하고, 실패하고, 배울 수 있게 하려면 무엇을 해야 할까?

큰 실수도
비난하지 마라

헌츠맨페트로케미칼스Huntsman Petrochemicals는 영국 동북부 미들즈브러Middlesbrough에 위치한 화학회사다. 헌츠맨 사무실 벽에는 눈에 아주 잘 띄는 커다란 빨간 버튼이 부착돼 있다. 이 버튼을 누르면 공장 내 모든 화학물질이 지역 하천으로 자동배출된다. 짐작할 수 있듯이 비상상황에만 눌러야 한다.

어느 날 공사용 철근 비계를 회사로 들여오게 됐다. 공사인부한 명이 비계를 어깨에 메고 빨간 버튼이 있는 사무실을 통과하고 있었다. 이쯤하면 무슨 일이 벌어졌는지 알아차렸을 것이다. 인부가 자기도 모르게 비계로 빨간 버튼을 건드리고 말았다. 그즉시 회사의 화학물질이 하천으로 배출되기 시작했다.

이 일이 알려지자 비계 공사를 맡은 시공사는 즉각 인부를 해고했다. 그러나 정작 큰 손실을 본 헌츠맨의 대응방식은 달랐다. 헌츠맨은 시공사에게 그 인부를 복직시키라고 요구했을 뿐 아니라 헌츠맨 공사장에서 계속 일하게 해달라고 요청했다. 게다가 그를 불러 감사를 표하는 행사까지 열었다.

과연 왜 그랬을까? 빨간 버튼을 작동시켰음을 인지하고난 후 인부가 취한 행동 때문이었다. 그가 아무 일 없었던 듯이 지나갔다면 아무도 그의 잘못을 눈치 채지 못했을 것이다. 그러나 그는 조정실로 뛰어가 실수로 빨간 버튼이 눌려졌음을 알렸다. 그 결과 화학물질 배출을 빠르게 중단시킬 수 있었으며 손실도 최소화로 막을 수 있었다. 배출된 양이 적어 환경오염벌칙금도 부과되지 않았다. 그가 모른 채 하고 넘어갔다면 화학물질이 전부 하천에 유입됐을 뿐 아니라 문제 원인을 파악하고 해결하는 데 족히 24시간은 걸렸을 것이다.

이 이야기는 헌츠맨 사내외에 들불처럼 전파됐다. 의도한 일은 아니었겠지만 '헌츠맨은 (직원을) 비난하지 않는 회사no-blame company'라는 메시지가 전직원에게 전달됐다. 스스로 책임지는 자세를 갖는 한 무엇인가 잘못을 저질러도 회사는 직원들을 보호하고 지원할 것이라는 확실한 메시지다.

누구나 학습하거나 일하는 과정에서 많은 실수를 저지른다. 의도하지 않았음에도 불구하고 발생하는 실수도 있다. 대부분의 실수는 실수 그 자체보다도, 그것을 은폐하려 할 때 기업에 치명적인 영향을 미친다. Happy에서는 직원이 고객에게 큰 실수를 저지른 뒤 곧바로 보고하면 거의 확실하게 상황을 통제할 수 있다. 그러나 이를 보고하지 않고 2주일이 그대로 지나가버리면, 그것도 잘못을 저지른 직원이 아니라 고객으로부터 불만이나 문제를 듣게 된다면 고객과의 관계는 회복이 불가능하다.

'비난하지 않는 문화'가 중요한 또 하나의 이유는 문제의 핵심을 찾아 해결할 수 있게 한다는 점이다. 헌츠맨의 경우 진짜 문제는 명백했다. 누구든 의도치 않게 쉽게 빨간 버튼을 작동시킬 수 있었다는 점을 인지하지 못한 것이 문제였다. 실수가 발생했을 때 행위자를 찾는 데 집중하면 진짜로 바꿔야 하는 것이 무엇인지 파악할 수 없다. 무엇인가 잘못됐을 때 던져야 할 질문은 "누가 그랬어?"가 아니다. 회사의 시스템에 어떤 결함이 있는지, 직원 교육을 통해서 실수를 방지할 수는 없었는지를 파악하는 것이어야 한다.

비난과 책임감은 다르다. 실수를 축하하는 일은 직원이 "내 잘못이다"라고 말하면서 책임을 인정할 때 가능하다. 잘못하면 사람이 죽을 수도 있는 위험한 직무에서는 책임감이 더욱 더 중요하다.

많은 조직이 같은 실수를 반복하는 것은 실수를 바로잡는 프로세스가 부재하기 때문이다. Happy 프로그램에 참가한 한 은행원에게 들은 이야기가 있다. 이 은행은 특정한 업무와 관련해서 직원이 실수하면 고객에게 꽃다발을 보내야 한다. 한 직원이 매주 동일한 실수를 수없이 반복해서 결국 수십 개의 꽃다발을 보냈다고 말했다. 이 은행에서는 실수가 잦은 업무를 개선하지 않았던 것이다.

Happy는 매달 '문제 해결troubleshoot' 미팅을 개최한다. 지난 한 달 동안의 피드백을 모아서 무엇이 문제고, 어떻게 개선할 것인지를 토론한다. 이 미팅의 목표는 동일한 실수를 반복하지 않는 것이다.

질 문

/

당신 회사의 조직문화는 직원들이 비난받지 않을 것이라는 전제 아래 실수에 대해 책임감을 갖도록 격려하는가?

/

실수나 잘못이 발생했을 때 문제를 추적해서 완전히 시정하는 시스템을 갖추고 있는가?

8장

회사에 도움이 되는
사회공헌 활동을 조직하라

이윤은 중요하지만, 그것이 전부는 아니다

나는 멋진 차나 롤렉스시계, 거대한 저택 등 대부분의 사람을 현혹하는 모든 형태의 물질적 욕망에 별 관심이 없다(비용이 만만찮은 초경량 탄소섬유 자전거는 예외지만).

Happy 초창기 나는 이익에 그다지 집중하지 않았다. 나의 목표는 사업을 키워서 Happy의 사회적 영향력을 높이는 것이었다. 그러던 2001년 IT 교육훈련 산업 전체 매출이 30퍼센트까지 하락하는 불경기가 불어닥쳤다.

당시 우리는 이러닝 사업에 많은 투자를 하고 있었기 때문에 신용한도를 꽉 채워 은행 돈을 쓰고 있었다. 결국에는 이 위기를 극복했지만 파산 직전까지 내몰렸었다. 나는 매주 은행을 찾아가 회사의 자금상황을 설명해야 했으며, 창업한 이래 처음으로 은행의 지불정지를 받아서 직원에게 급여를 주지 못했다. 이날을 나는 평생 잊지 못할 것이다.

이때 나는 사업을 하려면 수익을 창출해야 한다는 교훈을 얻었다. 그러나 사실 이전에 이러한 교훈을 배울 수 있는 기회가 있었다. 그때 확실하게 이윤의 중요성을 깨달았다면 2001년 위기는 겪지 않았을 것이다.

진보신문 〈뉴스온선데이〉의 창간에 참여했던 1987년의 일이다. 투자자 중 한 사람이 냉동식품유통 회사인 노던푸드Northern Food* 창업자 알렉 홀스레이Alec Horsley였다. 내가 기억하기로는 투자자 초청 오찬행사가 있기 전 몇몇 투자자들이 〈뉴스온선데이〉의 사무실을 사전 방문한 자리였다. 동료 중 한 명이 재무예측을 보고하면서 "1주일에 80만 부가 팔리면 손익분기점에 달한다"고 말했다.

이 말이 알렉을 화나게 했다. 당시 그는 85세의 고령이었음에

• 영국 냉장식품유통의 선구자로 불린다. 1937년 설립됐으며 2011년 2 Sisters Food Group에 매각됐다.

도 불구하고 내 동료의 옷깃을 쥐며 강압적으로 말했다.

"손익분기점이 핵심이 아니야. 어쭙잖게 손익분기점을 말하지 마. 비즈니스의 목표는 이윤을 내는 것이야."

그가 옳았다. 기업은 이윤을 창출해야만 생존하고 발전할 수 있다. 어려울 때를 대비해서 여유자금을 비축해둬야 하며 연구개발과 혁신을 위해 투자도 해야 한다. 창업자와 투자자들에게도 보상해야 한다.

나는 런던에 있는 사회적기업가학교School for Social Entrepreneurs• 학생들과 종종 대화를 나눈다. 공동체에 실질적 혜택을 줄 수 있는 그들의 다양하고 창의적인 사업 아이디어에 매번 감동한다. 그러나 나는 학생들에게 수익 창출의 중요성을 절대로 잊어서는 안 된다고 강조한다. 런던의 이스트 엔드East End 지역에서 10대 청소년들을 멘토링하거나, 사회적 취약 계층에 취업 기회를 제공하거나, 전과자들에게 일자리를 알선하는 등의 아이디어는 모두 훌륭한 일이다. 그러나 원하는 대로 사회적 영향을 발휘하기

• 환경과 사회문제를 기업가적으로 풀어나가는 것을 목표로 1997년 마이클 영 경Sir Michael Young이 설립했다. 현재 영국, 캐나다, 인도에서 매년 1,000명 이상의 사회적 기업가 지망생을 훈련시킨다.

위해서는 반드시 이익을 만들어낼 수 있어야 한다. 반면 이윤 창출에만 사업의 초점을 맞추는 사람들에게는 이렇게 물어야 할 것이다.

"당신은 왜 사업을 하고 있는가? 사업한 지 30년차가 됐을 때 당신이 자랑스러워할 업적은 무엇일까?"

그렇다. 사회에 긍정적인 영향을 미치는 것은 '비용'이 아닐 수 있다. 올바른 자세로 실행하면 당신의 비즈니스를 더 강하게, 더 훌륭하게 만드는 촉매가 될 수 있다.

질 문

/

당신이 하는 일이 사회적 혜택과 재무적 수익을
동시에 창출해야 한다는 점에 동의하는가?

/

나는 이윤을 창출하기 위해 사업을 한다. 당연히
그렇다. 그러나 동시에 사회에 긍정적 영향을
미치는 사업을 하고 있다. 그렇지 않다면 도대
체 사업이라는 게 무슨 의미가 있겠는가?

회사의 자원과 역량을
사회공헌에 활용하라

● ● ●

"아프리카는 경이롭다. 우리는 고릴라, 나무를 기어오르는 사자, 하마 무리, 코끼리 등 많은 것을 봤다. 아프리카에서 일하는 것은 매우 재미있는 경험이다. 그렇다고 일이 항상 잘 진행되는 것은 아니다. 계획을 수정하고 절충하며 조정하는 일의 연속이다. 그러나 재미있다! 나의 위기극복 능력은 나날이 개선되고 있다.

오늘은 전력이 끊긴 날이었다. 컴퓨터를 사용할 수 없어서 학습자 중심의 MS Word 교육으로 대체했다. 그런데 학생들이 너무나 좋아했다!

모든 게 신나고 창의적이고 흥미진진하다! 니키와 나는 인터넷 카페도 없고 가게도 없는 조그만 마을에서 지내고 있다. 집에는 전기도 없고 수돗물도 없다. 그러나 우리의 호스트 가족은 매우 다정하고 상냥하다. 우리에게 잘해주려고 무척 노력한다. 여러분도 이 모든 것을 경험할 수 있으면 좋겠다."

자선단체와 함께 우간다로 봉사활동을 떠난 Happy의 강사 니콜 콜러만Nicole Kollermann이 보낸 이메일 내용이다. Happy의 역할은 자선단체가 현지에 설립한 지속가능센터Sustainable Center의 활동가들을 최고의 컴퓨터 강사로 훈련시키는 것이다. 센터의 자원봉사자들이 현지인에게 컴퓨터 사용법을 제대로 교육시킬 수 있도록 그들의 역량을 높이는 것이 목표다.

이 책을 교정하고 있을 때 니콜이 돌아와서 봉사활동에 참가한 소감을 들려줬다.

"우간다에서의 경험을 통해 매우 많은 것을 배웠다. 개발원조에 대해 나름대로의 견해를 세울 수 있었으며, 우리가 사회에 어떤 방식으로 기여하고 있는지 알 수 있게 됐다."

솔직히 말하면 이 프로젝트는 꽤 이기적인 이유로 시작됐다. 어느 해인가 퇴사한 직원 대부분이 여행을 즐기기 위해, 세계를 보기 위해 사표를 썼다는 사실을 알게 됐다. 그래서 생각하게 됐다. 회사를 떠나지 않아도 직원이 여행에 대한 욕구, 세상에 대한 호기심을 충족할 수 있는 방법이 없을까? 제3세계 프로젝트 중에서 직원이 직접 참여하여 지역사회에 도움을 주는 동시에 내면의 방랑 욕구를 충족시킬 수 있는 것은 없을까?

그래서 강사들을 우간다, 나이지리아, 캄보디아에서 진행되는 각기 다른 프로젝트에 파견하게 됐다. 우리는 파견지역에 확실한 기반을 갖고 지속적으로 활동하는 자선단체를 선정해서 함께 일하고 있다. 제3세계 프로젝트에 참여한 강사들의 만족도는 매우 높다. 특히 호스트 가족과 함께 생활하며 단순한 여행자들은 경험할 수 없는 특별한 문화 체험을 할 수 있기 때문에 다녀온 이들이 '인생의 경험'이었다고 말한다.

제3세계 프로젝트는 우리의 자원, 이 경우 Happy의 컴퓨터 교육능력을 최대한 활용한 사례다. 우리가 이제까지 제작한 교재들을 활용한 프로젝트도 있다. 교재를 모두 웹사이트에 공개해 누구나 사용할 수 있게 한 것이다.

어느 날 한 언론인이 회사의 지적 재산을 어떻게 보호하고 있는지 물었다. 나의 대답은 "Happy는 모든 지적 재산을 웹사이트에 올려 무료로 공개한다"였다. 상업적인 이용이 아니라면 누구든지 Happy 웹사이트에서 모든 매뉴얼을 내려받을 수 있다. 국

공립학교는 우리 교재를 무료로 사용할 수 있으며 필요에 따라 수정해서 사용할 수도 있다. 다만 기업이 사내 교육용으로 사용하고자 할 때만 일정한 사용료를 받는다.

우리는 이익의 4퍼센트를 자선단체에 현금으로 기부한다. 그러나 작은 회사이다 보니 현금 기부의 영향력은 제한적이다. 그래서 대안으로 생각해낸 것이 우리가 보유하고 있는 자산을 활용해 사회공헌 효과를 극대화시키는 것이다.

그 하나의 예가 강사들을 아프리카로 파견하는 것이었다. 우리는 현지인에게 워드나 엑셀을 직접 가르치지는 않는다. 다만 아프리카 사람들의 지속가능한 상생을 위해 센터에서 일하는 현장 자원봉사자들을 훌륭한 강사로 키우는 것이 목표다.

Happy의 모든 지적 재산을 웹사이트에 공유해서 많은 학교가 무료로 교재를 사용할 수 있게 한 것도 같은 의미다. 영국은 물론 전세계 교사들이 자신의 고유 업무, 즉 학생들을 가르치는 일을 더 잘할 수 있다면 그것만으로도 Happy는 사회에 긍정적인 영향을 전파하고 있다고 생각한다.

질 문

/

회사의 자원 중에서 지역사회 공동체에 실질적
인 도움을 줄 수 있는 것이 무엇인가?

/

어떠한 방식으로 그 자원의 그 영향력을 증대
시킬 수 있겠는가?

"내가 염소젖을 짰어요!"
: 상호이익의 효과

Happy는 이윤의 10퍼센트를 지역사회에 환원한다는 정책을 갖고 있다. 그중 4퍼센트는 자선단체에 보내는 현금 기부다. 나머지 6퍼센트는 지역사회 무료 자원봉사 형식으로 지원한다.[*] 우리에게 자선활동을 하는 이유를 물으면 나는 자선활동이 아니라고 답한다. 하나의 비즈니스 주체로서 Happy를 보다 강하게, 보다 효과적으로 만들기 때문에 사회공헌 활동에 나서는 것이다.

우리의 자원봉사는 '타임뱅크Time Bank' 형식으로 이뤄진다. 회

---

* Happy가 말한 직원들의 자원봉사는 지역사회에는 무료지만 참여한 직원은 급여를 받는다. 이 회사가 추구하는 남다른 '현물지원'이다.

사 전체로 보면 연간 총 100일을 자원봉사에 할당한다. 직원들에게 연간 3일씩 유급 자원봉사를 권유하기도 했으나 대부분이 이를 활용하지 않았다. 그래서 나온 아이디어가 '자원봉사 시간 총량제'다. 이 제도 하에서는 좋은 프로젝트를 찾아낸 직원이 있으면 연간 최대 30일까지 자원봉사하는 데 시간을 쓸 수 있다. 회사가 억지로 채근하기보다 할 의지가 있고 의미 있는 프로젝트를 발굴한 사람들이 더 많은 시간을 자유롭게 사용할 수 있게 한 것이다.

회사는 자원봉사 프로젝트 선정에 세 가지 기준을 적용한다. 첫 번째는 우리 프로젝트가 지역사회에 주는 혜택이 명료해야 한다. 당연한 일이다. 두 번째는 우리 회사에도 혜택이 있어야 한다. 마지막으로 자원봉사 기회를 제공한 자선단체에도 기여할 수 있어야 한다. 세 번째 기준은 직원이 가급적 소규모 자선단체와 일하도록 권유하기 위한 것이었다. 규모가 작고 영세한 곳일수록 Happy 직원이 더 크게 기여할 수 있기 때문이다.

우리의 자원봉사 프로젝트는 '상호이익'의 개념에 바탕을 두고 있다. 우리는 지역사회 뿐 아니라 Happy에도 도움이 돼야 상대적으로 높은 수준의 지역봉사 활동을 지속할 수 있다고 믿는다. 우리가 얻는 대표적인 혜택은 직원의 사기가 진작된다는 점과 직원이 봉사활동하면서 스스로의 능력을 개발할 수 있다는 점이다.

우간다 프로젝트에서도 이점은 명확했다. 니콜과 니키를 우간다로 파견하지 않고 자기능력개발 프로그램을 이수하게 할 수도 있었다. 그러나 우간다 파견보다 비용은 더 많이 들고 효과는 적었을 것이다. 우간다에게 직원들은 (24시간 동안 전기가 끊긴 상태에서 IT 교육을 실시하는 것 같은) 수많은 도전을 극복하며 일과 삶의 의미를 새롭게 찾아냈다. 많은 대기업이 핵심 관리자들의 역량 개발을 위해 비슷한 프로그램을 운영하고 있다. 그러나 내가 강조하고자 하는 것은 작은 기업이나 조직들도 얼마든지 이러한 프로젝트를 수행할 수 있다는 점이다.

Happy 강사들은 때때로 웹 개발이나 데이터베이스 디자인처럼 자신의 전공분야가 아닌 주제를 가르쳐야 할 때가 있다. 과거에는 사내 강의 프로그램을 만들어 강사들에게 필요한 기초지식을 습득하게 했다. 이 분야에 정통한 강사가 그렇지 않은 강사에게 지식을 전달하게 한 것이다. 이제는 다른 방식을 쓴다. 웹이나 데이터베이스를 구축하고 있는 지역 자선단체를 물색해서 강사들을 보낸다. 자선단체의 경험 있는 프로젝트 책임자에게 코치를 받으면서 동시에 봉사활동도 할 수 있게 고안한 것이다.

자원봉사활동으로 직원이 얻는 것은 지식을 현실세계에 적용할 수 있는 경험이다. 사무실을 벗어나 무엇인가 다른 일을 할 수 있다는 것도 중요한 혜택이다. 베테랑 강사 조지는 한 번도 자신의 업무에 소홀함이 없었던 충직한 직원이다. 조지가 런던에 있는 한 도시농장의 웹사이트 개발을 지원하기 위해 5일간 자원봉사를 나갔다. 도시농장은 한 번도 시골에 가본 적이 없는 도시 아이들에게 농장을 체험하게 해주는 곳이다. 봉사활동을 마친 그가 한껏 고양된 모습으로 회사에 복귀했다. 이때의 느낌을 나는 결코 잊지 못할 것이다. 조지에게 도대체 무슨 일이 있었느냐고 물었다. 그는 한껏 흥분된 얼굴로 말했다.

"내가 염소젖을 짰어요!"

▍ 자선활동은 언제나 더 큰 것을 돌려준다

Happy는 지역의 소규모 자선단체와 협력해 매년 40개 정도의 자원봉사 프로젝트를 진행한다. 그중 마크필드Markfield는 런던 북부 해링게이Haringey 지역의 학부모들이 자폐와 학습장애가 있는 아이들을 지원하기 위해 만든 자선단체다. 강사 대런이 이

곳으로 자원봉사를 다녀온 뒤 경험담을 자세히 들려줬다.

...

"솔직히 말해 처음에는 별 감흥 없이 마크필드를 찾아갔다. 그날은 10개월 전에 돌아가신 어머니의 생신날이어서 아침부터 기분이 우울했다. 마크필드에 도착했는데 아이들이 우르르 다가와 '생일 축하한다'면서 나를 껴안아줬다. 잠시 혼란스러웠는데 알고 보니 다른 직원의 생일이었다. 하지만 이날은 내 인생 최고의 날 중 하나로 기억될 것이다.

마크필드는 최근에 어려운 작업 하나로 고생하고 있었다. 데이터베이스에서 정보를 추출해서 기부자들에게 보낼 보고서를 만드는 데 한 달에 며칠을 꼬박 씨름해야 했던 것이다. 내가 자동화 프로그램을 만들어주자 직원들은 클릭 한 번으로 필요한 모든 보고서를 생성할 수 있게 됐다.

프로그램을 만드는 일은 쿼리Query에, 쿼리에, 쿼리에, 쿼리가 연결되는 매우 난해한 작업이었으나 마침내 내가 해냈다! 쉽진 않았지만 보고서를 만드는 효율적인 방법을 구현해냈고, 이 일은 내 안의 괴짜 근성을 만족시킬 만큼 짜릿한 경험이었다!"

교육훈련 사업에 종사하는 동료 기업인들에게 Happy의 자원봉사제도를 설명하면 다들 그것이 어떻게 가능할 수 있는지에 대해 상상해보며 놀라워한다. 그러면 나는 오히려 그들에게 되묻는다.

"어떻게 그것을 하지 않을 수가 있어?"

지역사회에 대한 실질적인 기여 외에도 직원의 사기 진작과 능력 개발, Happy에 대한 지역사회의 우호적인 평가를 감안하면 자원봉사한 직원에게 지급한 비용보다 혜택이 훨씬 크다. 적어도 내 관점에서는 그렇다. 자원과 기술을 더 많이 갖고 있는 회사를 운영하면서 이 같은 활동에 나서지 않는다는 것이 오히려 이상한 일이다.

질 문

/

회사의 지역사회 봉사는 순수한 활동인가, 아니
면 회사가 얻는 혜택까지 고려한 상호이익 프로
젝트인가?

/

자선활동이 지역사회뿐 아니라 회사에도 이익
을 가져다준다면, 자선활동을 현재 수준보다
확대할 수 있다고 생각하는가?

좋은 사회공헌
활동 감별법

사회공헌 프로그램에는 훌륭한 것 못지않게 형편없는 것들도 많다. 우리는 이를 검증하기 위해 자문한다.

만약 회사가 자원봉사 프로그램을 취소한다면 누가 이를 알아차릴 것인가?

회사의 최대 사회공헌 활동이 최고경영자가 자기 입맛에 맞는 자선단체를 골라 1년에 한 번씩 수표를 보내는 것이라고 생각해보자. 그의 마음이 바뀌어서 내년에 기부하지 않더라도 누구도 이를 알아차리지 못할 것이다. 일부 회사들처럼 별도의 사회공헌팀을 만들어서 매년 수익의 1퍼센트를 자선단체에 배분한다면, 내년에 이것이 취소됐을 때 누가 알겠는가? 사회공헌팀과 돈을 받았던 기부단체만이 알아차릴 것이다.

우리가 생각하는 좋은 사회공헌제도는 '직원을 참여시켜 흥분으로 가슴을 뛰게 만드는 것'이다. 우리 아이들이 다니는 해크니의 초등학교에는 일주일에 한 번씩 검정색 택시가 줄지어 들어온다. 택시에서 금융회사 J.P.모건J. P. Morgan의 컨설턴트들이 말끔한 정장차림으로 내린다.

나를 비롯한 많은 학부모가 이들이 학교에 오는 것이 무슨 도움이 되겠느냐며 의구심을 갖고 있었다. 그러나 실제로는 아이들이 엄청 좋아했다. 아이들은 컨설턴트들이 진행하는 학습활동을 즐겼으며 매번 다음 미팅을 학수고대했다. 이 행사는 J.P.모건 직원 사이에서도 인기가 높았다. 일부 직원은 아이들을 만나는 것이 한 주의 가장 큰 즐거움이라고 말했다. 만약 J.P.모건이 이 프로그램을 취소한다면 분명 많은 사람이 이를 알아채고 아쉬워할 것이다.

질 문

/

당신의 회사는 직원을 적극적으로 지역사회에
참여시키는 프로젝트를 운영하고 있는가?

/

그 프로젝트들이 직원에게도 혜택을 줄 수 있
도록 짜여 있는가?

당신이 하는 모든 일에서
사회적 책임을 다하라

몇 년 전 사회적 책임 그룹Social Responsibility Group, SRG의 초대를 받아 "기업의 사회적 책임에 중소기업을 어떻게 참여시킬 것인가?"라는 주제로 강연했다. SRG의 회원사는 대부분 대기업이다. 나의 메시지는 간단했다.

"(대기업에서) 더 훌륭한 모범 사례를 만드세요."

강연에 참가한 SRG 회원사들 대부분은 대개 수익의 1퍼센트를 자선활동에 할당하고 있었다. 일부 회사는 그 돈이 수백만 파운드에 달하며, 일부 회사는 아주 훌륭한 프로그램을 운영하고 있다. 그러나 좌중을 훑어보니 사회적 책임과는 거리가 먼 기업인들도 많이 보였다.

직원에 대한 처우가 열악하고 장시간 근로를 강요하는 것으로 유명한 기업, 회사 납품업자들에게 돈을 제때 지급하지 않는 관행을 회사 정책처럼 생각하는 기업, 기회균등을 준수한다면서 모든 고위경영진을 중산층 백인 남성으로 채우고 있는 기업, 회사의 주력제품이 인체와 환경에 나쁜 것으로 알려져 있는 기업, 좋은 일에 돈을 쓰기보다 자기들이 좋은 일을 하고 있다는 광고 캠페인에 더 많은 비용을 지출하는 기업 등등. 어떠한가, 이 글을 읽고 뜨끔한 사람이 없기를 바란다.

영국신문에 재밌는 삽화가 게재된 일이 있었다. 지구환경을 파괴하고 있는 초대형 광산회사가 직원에게는 재생플라스틱으로 만든 안전헬멧을 지급하는 것을 풍자했다. 언제나 신문을 보면 이 삽화를 떠올리게 하는 기사들이 적지 않다. 담배회사처럼 회사의 핵심 활동이 사회에 해를 끼치고 있음에도 불구하고 '기업의 사회적 책임'을 그럴듯한 마케팅 수단으로 활용하는 회사에 관한 기사들이다. 여기서 내가 하고 싶은 질문은 이것이다.

"기업윤리가 회사 의사결정의 중심에 있는가? 아니면 자기만족 또는 좋은 회사로 보이게 하려는 부차적인 활동인가?"

대부분의 회사는 그들의 제품, 고용한 사람들, 회사에 물건을 납품하는 공급업체들을 통해 사회에 영향을 미친다. 제품생산 과정에서는 환경에 영향을 미친다. 진정으로 사회에 긍정적인 영향을 미치는 데 헌신하고 싶다면 제품, 직원, 공급업자, 환경에 대한 책임을 다하는 데서부터 시작하라.

초대형기업이 탈바꿈한 예도 적지 않다. 가장 인상적인 사례 중 하나가 세계 최대 카펫 제조회사 인터페이스Interface와 창업자이자 최고경영자인 레이 앤더슨Ray Anderson의 이야기다. 레이에게 결정적인 변화의 순간은 회사 설립 후 24년이 지난 1997년 영업사원들로부터 환경에 대해 강연해달라는 요청받았을 때다. 그의 첫 반응은 단순했다.

"그래? 알았어, 준비하지. 근데 우리가 환경법규를 준수하는 것은 잘 알지?"

환경문제에 관한 전세계 모든 기업의 표준 답안이다.[1]

레이는 강연을 준비하기 위해 많은 자료를 읽었다. 이때 그는 일대 전환을 겪는다.

"인터페이스가 지구를 약탈하고 있었구나. 내가 운영하는 회사가! 젠장. 언젠가 나 같은 사람은 교도소에 가야 할 거야!"

충격을 받은 레이는 인터페이스의 미션을 새롭게 설정했다. 2020년까지 지구환경에 긍정적인 영향을 미치는 '환경을 복원하는 회사'가 되기로 결심했다.*

인터페이스의 새로운 목표는 야심찼다.

- 2020년까지 기업경영의 모든 측면에서 지속가능성을 행동으로 실천해서 전세계 산업계에 모범을 보이는 첫 번째 회사가 된다.
- 사람, 프로세스, 장소, 그리고 수익 창출 등 모든 면에서 지속가능성을 실천한다. 이렇게 함으로써 산업계에 영향력을 발휘해 지구환경을 복원시킨다.

인터페이스의 새로운 미션은 재무적으로도 회사에 크게 기여했다. '폐기물 제로 프로젝트'[2]를 통해 4억 3,300만 달러의 비용을 절감했다.** 인터페이스 사례의 핵심적인 교훈은 우리가 어떤 회사에서 일하든지 어떤 회사를 경영하든지 선택은 우리의 몫이라는 점이다. 우리는 누구라도 세계에 긍정적인 영향을 미치겠다고 결심할 수 있다.

- 20년 이상의 장기 프로젝트로 계획했다는 것에 주목하라.
- ** 인터페이스는 2020년까지 전체 공정에서 폐기물 제로를 실천했다. 2016년에는 추가 미션을 공개했다. '기후를 복원시킨다Climate Take Back'는 미션이다. 2018년 인터페이스는 카펫의 제조에서 폐기까지 모든 단계에서 탄소 중립성을 실현했다고 발표했다. 2019년 인터페이스는 전력의 90퍼센트를 재생에너지로 조달했다. 레이 앤더슨은 2011년 암으로 사망했다. 그러나 그의 정신은 오늘의 인터페이스에 그대로 살아있다.

인터페이스와는 반대의 길을 선택했던 한 기업의 사례를 소개하겠다.

1990년대 후반 세계적 담배회사인 브리티쉬아메리칸토바코 British American Tobacco, BAT가 영국 5대 컨설팅회사 중 하나에 프로젝트 수행을 문의했다. 회사 이미지를 제고하고 사회에 긍정적인 영향을 미칠 수 있는 사회적 책임 프로그램을 만들어 줄 수 있느냐는 것이었다.

컨설팅 회사의 반응이 훌륭했다. 만약 BAT가 회사의 주력제품인 담배를 포기하는 것부터 시작할 수 있다면 기꺼이 도울 수 있다고 답했다. 그 결과 컨설팅 프로젝트는 진행되지 않았다.

질 문

/

만약 기업윤리가 당신의 의사결정에서 핵심적
인 요소라면 무엇이 달라졌을까?

/

직원에게 회사가 강력한 윤리적 가치를 갖고
있음을 명료하게 알릴 수 있는 방법은 무엇인
가?

9장

일을 사랑하고,
삶을 얻게 하라

정시 퇴근부터
시작하라

나는 아이들이 태어나기 전까지 오후 8시 이전에 퇴근한 기억이 거의 없다. 일요일에도 대개 회사로 출근했다. 집사람도 MBA과정을 이수하면서 직장에서 풀타임으로 일했다. 둘 다 일 중독이었다. 그런데 첫 아이가 태어나면서 모든 것이 바뀌었다. 저녁시간에 맞춰 집에 일찍 도착해서 음식 준비를 함께했다.

하루 2시간씩 근무 시간이 줄어든 것이다. 그러나 이상하게도 2시간을 덜 일했지만 할 일은 다할 수 있었다. 아, 그렇구나! 저녁에 늦게까지 일할 것을 알았기에 업무에 집중하지 못했던 것이구나. 그제야 깨달음을 얻었다. 이제는 업무시간에 집중해서 일한다.

많은 회사가 늦게까지 남아서 일하는 직원을 회사에 헌신하는 직원이라고 생각한다. 그러나 이는 회사가 형편없이 운영되고 있다는 증거에 불과하다. 그렇지 않으면 회의가 지나치게 많거나 불필요한 일을 많이 하고 있다는 증거다. 한 컨설턴트가 대부분의 대기업에서 일주일에 평균 8시간씩 근무시간을 줄일 수 있었다고 말했다. 비생산적인 활동을 줄이면 충분히 가능하다는 것이다.

일하는 시간이 길어질수록 업무효율은 떨어진다. 심각한 건강문제를 상의하기 위해 병원에 간다고 가정해보자. 하루 20시간 일하면서 잠도 제대로 자지 못한 수련의의 진료를 받겠는가? 아니면 잘 쉬고 정신이 맑은 의사를 만나겠는가?

변호사나 디자이너, 집 근처 레스토랑의 웨이터를 만날 때도 마찬가지다. 강사는 말할 것도 없다. 졸린 눈으로 강의실에 들어오는 강사는 누구도 환영하지 않는다. 고객들은 Happy 직원이 친절하고 편안하다고 말한다. 진실은 하나다. 장시간 일하고 스트레스 지수가 높으면 고객과 잘 소통하거나 좋은 서비스를 제공할 수 없다. 의사결정의 질도 떨어진다.

베이커리 체인점인 폴Paul의 학습·개발담당 매니저 살리나 가니Salina Gani 역시 같은 생각이다.

"내가 생산성이 가장 높았던 때는 일하는 시간이 적었을 때다. 한때 나는 업무종료 시간인 6시 30분에 퇴근하면 죄의식 같은 것을 느껴야 했다. 장시간 일하다 결국 병에 걸리고 말았다. 그 후 어떻게 됐는지 궁금한가? 새로운 상사가 부임했다. 그녀는 퇴근시간이 지난 뒤에도 직원이 남아 있는 것을 전혀 기대하지 않는다고 명확히 말했다. 이제 나는 스스로 내 업무량을 조절해서 업무시간 안에 일을 마무리한다. 일하는 시간을 내가 관리하고 있다. 이전에 비해 더 즐겁게, 스트레스도 덜 받으면서 더 많은 일을 하고 있다. 상사는 기뻐했다. 내가 같은 일을 하는 다른 회사의 직원보다 몇 배나 많은 일을 해내고 있다고 말이다."

┃ 클린턴 대통령의 조언

• • •

빌 클린턴Bill Clinton 전 미국 대통령이 차기 대통령인 버락 오바마Barack Obama에게 "어떤 조언을 해줄 것인가?"라는 질문을 받았을 때 한 말이다.

"가족과 보내는 시간을 확보해라. 좋은 부모가 돼야 한다. 시간을 내서 휴식을 취하라. 나의 정치 인생에서 한 실수 대부분은 너무 열심히 일하고 너무 노력해서 피곤에 절었을 때 발생했다. 일과 휴식의 균형을 통해 항상 생기를 유지하는 것이 중요하다. 지나치게 피곤하지 않아야 좋은 의사결정을 내릴 수 있다. 이것이 나의 유일한 조언이다."[1]

클린턴은 일벌레로 유명했다. 늦은 밤까지 일하는 것을 두려워하지 않았다. 그러나 그 역시 그렇게 일하는 것이 효과적이지 않다고 느끼는 것이 분명하다. 아니면 그가 스스로 저지른 실수들을 자축했는지도 모르겠다.

일하는 시간을 지키는 것은 매우 중요하다. 그러나 간혹 프로젝트 마감 때문에 어쩔 수 없이 야근해야 할 때도 있다. Happy는 어느 직원이 빈번하게 주당 근무시간인 38시간을 넘겨 일하면 회사가 적극적으로 나서서 그의 근무시간을 줄여준다.

예전에 〈뉴스온선데이〉가 파산 위기로 치달았을 때 나는 그 어느 때보다 가장 긴 시간을 일했다. 이때가 내 인생에서 생산성이 가장 낮았을 때이기도 하다. 결국 회사로부터 강제 휴가 명령을 받았다. 내가 경험한 직장 상사의 명령 중 가장 훌륭한 지시였다. 나는 상쾌한 기분으로 휴가에서 복귀해 더 효과적으로 일할 수 있었다.

여기까지 책을 읽은 독자라면 우리 회사 문화에 '지시'가 거의 없음을 눈치 챘을 것이다. 그러나 근무시간만은 예외다. 직원이 장시간 근무와 과도한 업무 부담에서 벗어나지 못하면 우리는 "멈추라"고 지시한다. 물론 근무시간을 줄일 수 있도록 모든 지원을 제공한다.

질 문

/

직원이 근무시간을 초과해서 일할 때도 업무를
효과적으로 수행하는가?

/

직원이 정규 근무시간에만 일해야 한다면 어떤
변화가 있을까?

유연근무는
직원이 결정하는 것이다

유연근무에 대해 살펴보자. 다음의 사례 중 어떤 상황에서 유연근무를 허용할 것인가?

1 한 직원이 월요일에는 출근하지 않고 아이를 돌보고, 주중 다른 날 더 일해서 주간 근무시간을 맞추고자 한다. 동의할 것인가?

2 한 직원이 (업무와 무관한) 학위를 이수하기 위해 월요일에 출근하지 않고, 마찬가지로 다른 날 업무시간을 보충하고자 한다. 동의할 것인가?

3 한 직원이 매주 주말마다 클럽에서 춤추고 노느라 기력을 소진한다는 이유로 월요일에 출근하지 않고, 다른 날 업무시간을 보충하고자 한다. 동의할 것인가?

유연근무를 허용하는 데 어려움을 겪고 있는 기업이 적지 않다. 이런 회사라면 위의 모든 요청이 받아들여지지 않을 것이다. 다만 대다수 사람들은 육아 문제라면 동의할 수 있다고 말한다. 절반 정도는 학업을 위한 유연근무도 허용할 수 있다고 말한다. 그러나 클럽에 가기 위해 월요일 출근을 바꿔달라는 요청에는 정말 극소수만이 동의한다.

세 번째 사례는 실제 우리 회사에서 있었던 일이다. Happy 직원 중 한 명이 자신이 좋아하는 클럽이 일요일 저녁에 문을 연다는 이유로 월요일이 되면 곤죽이 되어서 나타나거나 아예 출근하지 않았다. 그를 정상궤도로 되돌려놓으려는 모든 노력은 실패했다. 오히려 그는 의욕을 잃었고 회사는 그를 징계하기 일보 직전에 이르렀다.

그때 그를 담당하는 코디네이터가 제안했다. 그에게 화요일부터 금요일동안 압축적으로 일하게 하자는 것이었다. 4일 동안 매일 9시간 30분씩 일하면 우리 회사의 주당 근무시간인 38시간을 채울 수 있다. 서로에게 좋은 'Win-Win' 해법이었다. 그는 매우 기뻐했고 의욕을 되찾았다. 이후 그는 더욱 헌신적으로 일했고 자신의 잠재력을 최대한 발휘해서 회사 성장에 기여했다.

유연근무는 당신이 승인할 수 있는 성질의 일이 아니다. 직원에 관한 일이고 직원이 필요로 하는 일이다. 당신과는 무관하다. 회사가 어린아이를 둔 직원처럼 특정 직원에게만 유연근무를 허용하면 다른 직원은 소외감을 느끼고 불만이 쌓인다. 이 같은 불편한 상황을 피하는 방법은 당신이 하던 '심판관' 역할을 포기하는 것이다. 결정을 직원 스스로에게 맡기면 된다.

서로 다른 근무시간은 직원 간의 갈등이 될 수 있다. 이 경우에는 어떻게 조정할 것인가? Happy의 해법은 간단하다. 역시 당신이 판사나 배심원이 되지 말라는 것이다. 직원들이 스스로 결정하게 하라.

우리가 처음 직원들에게 유연근무를 권장했을 때 스무디 부서에 일대 혼란이 초래됐다. 제각각 다른 근무 스케줄을 적어내 일부 시간에는 스무디 부서 업무 자체가 돌아가지 않을 지경이 됐다. 스무디 부서는 중요한 부서다. 모든 교육프로그램의 예약과 문의를 담당하기 때문이다. 행정지원 업무도 수행한다. 스무디 부서에 "스스로 결정하라"고 주문했다. 다만 늘 그랬듯이 몇 가지 조건을 제시했다.

- 매일 아침 9시부터 오후 5시 30분까지 적어도 2명이 전화를 받아야 한다.

- 수강생이 도착하는 오전 9시부터 11시까지는 안내데스크에 한 명이 근무해야 한다.
- 화요일 회사 미팅에는 전원이 참가해야 한다.

스무디 부서 팀원들은 이 조건에 충족하는 근무스케줄에 합의했다. 평일 하루를 쉬고 다른 날 일을 더 하는 압축근무제도가 제일 인기였다. 금요일 조기 퇴근도 많은 스무디가 선호했다. 전체적으로 각자가 원하는 유연근무시간을 어느 정도 확보할 수 있었다. 일부 스무디는 아침 7시 출근을 선택했기 때문에 이제는 9시 이전에 걸려오는 전화문의에도 대응할 수 있게 됐다. 유연근무는 직원에게도 회사에게도 확실하게 도움을 줬다.

우리는 직원들에게 원하는 모든 시간에 자유롭게 근무할 수 있다고 말하지는 않는다. 그러나 직원들이 현실성 있는 타당한 근무시간을 제안할 것이라는 가정 하에서 시작한다. 직원이 제출한 근무시간에 문제가 있을 때 이를 입증하는 책임은 전적으로 회사에 있다. 근무시간을 제출한 개인이 문제가 없음을 증명할 필요가 없다.

다만 교육을 진행해야 하는 강사의 경우에는 임의로 근무시간을 조정할 수 없다. 모든 교육훈련 프로그램은 오전 10시부터 오후 5시까지 진행된다. 이는 지금까지 지켜온 고객과의 약속이다. 강의시간에는 강사들이 모두 출근해 있어야 한다. 그래서 다른 직원처럼 하루의 절반만 근무하는 것이 불가능하다. 이런 경우라도 직원에게 사정을 일일이 설명할 필요는 없다. 강사들은 이미 일의 특수성을 잘 알고 있기 때문이다.

다른 회사들이 직원의 유연근무 요청에 대응하는 것을 보고 충격받은 일이 한 두 번이 아니다. Happy의 한 경쟁회사는 출산휴가 중인 강사 담당 매니저를 설득해서 조기에 복귀시키려 했다. 그녀가 일찍 출근하는 조건으로 주4일 근무를 요청하자 회사는 거절했다. 결국 화가 난 그녀는 회사를 떠났고, 회사는 핵심 직원을 잃고 말았다.

영국의 대표적인 컨설팅회사에 근무했던 한 친구가 출산휴가 후 주4일 근무를 요청했다. 그런데 그녀는 이런 황당한 대답을 들어야 했다.

"주4일 근무? 가능하다. 그러나 승진할 생각은 하지 마라."

그녀는 회사를 떠났고 유연근무제를 실시하는 회사에서 매우 성공한 간부로 일하고 있다.

여성의 일자리를 창출하는 우먼라이크어스Women Like Us를 창립한 카렌 매티슨Karen Mattison, 엠마 스튜어트Emma Stewart 같은 멋진 기업가들과 비교해보라. 이 회사는 자녀들이 학교에 등교해 있는 시간에만 일하고 싶은 여성들을 파트타임 직원이 필요한 회사와 연결시키고 있다.*

질 문

/

당신의 회사는 근무시간과 근무일에 엄격한 규
칙을 갖고 있는가? 아니면 직원의 필요에 따라
유연한 근무제도를 운영하고 있는가?

/

만약 유연근무가 불가능하다고 입증할 책임이
회사에 있다면 유연근무제에 대한 당신의 결정
이 어떻게 달라질까?

나만의 시간을
일상화하라

유연근무는 가족들과 많은 시간을 보내고자 하는 직원, 특히 어린 자녀가 있는 직원에게 인기가 좋다. 그러나 생각해보자. '피곤'이라는 잣대로 봤을 때 유연근무가 절대적인 해법이 될까? 단순히 피곤한 상황의 원천이 바뀌는 것은 아닐까? 오랜 시간 일해서 지치는 게 아니라 아이를 돌보느라 지칠지도 모르니 말이다. 그렇다면 '스스로'를 돌보는 시간은 언제인가?

내가 '나만의 시간me time'이라는 개념을 알게 된 것은 캐시 부사니 덕분이다. 캐시는 월요일이 휴무다. 아이를 돌보기 위해서가 아니라 자신을 돌보기 위해서다. 캐시는 월요일에 쇼핑을 하거나 여행을 가거나 네일아트를 받거나 마사지를 즐긴다. 오롯이 자신만을 위한 시간을 만들어서 즐긴다. 화요일이 되면 캐시는 가벼운 발걸음으로 당당하게 출근한다. 업무성과가 좋을 수밖에 없다. 이는 회사가 받는 혜택이다.

캐시는 보통의 직장인들이 월요일에 출근하자마자 주간 계획을 세우고 여러 색깔의 펜으로 일정표를 빽빽하게 정리할 때 가벼운 옷차림으로 콧노래를 부르며 운동하러 간다. 계획을 잘 세운다고 일을 잘하는 것이 아니다. 근태가 좋아야만 성과가 좋아지는 것도 아니다. 핵심은 당신이 진정으로 좋아하는 것을 즐길 수 있느냐, 이렇게 함으로써 업무에 복귀했을 때 일에 집중하고 성과를 낼 수 있느냐 하는 것이다.

나 역시 일을 즐긴다. 가족과 보내는 시간도 좋아한다. 그러나 나에게 진정한 성취감을 주는 또 다른 활동은 사이클링이다. 캐시의 조언에 따라 나는 사이클 타는 시간을 점점 더 많이 확보하고 있다. 사이클 마니아인 기업가 친구도 한 명 찾아냈다. 우리는 몇 개월에 한 번씩 '경영 서적 읽기' 사이클 여행을 떠난다. 사이클을 타다가 카페에서 쉬면서 우리가 미리 선정한 경영 도서를 함께 읽는다. 시골길을 따라, 운하의 뱃길을 따라, 사이클을 즐기면서 사업과 관련한 계획과 아이디어를 교환하고 논의한다.

사이클링은 내 인생에서 가장 큰 체력적인 도전으로 나를 이끌었다. 2008년 여름 투르 드 프랑스Tour de France•의 일반인 대상 프로그램인 레타페 두 투르L'Etape du Tour에 참가했다. 약 7,000명의 참가자들이 피레네 산맥의 난도가 가장 높은 산등성이 두 개를 사이클을 타고 올라간다. 뒤에서는 낙오한 참가자를 싣거나 음료수 등을 공급하기 위한 '빗자루 차Broom Wagon'가 쫓아와서 제 속도를 내지 못하면 탈락시킨다. 라이더들의 성지라고 할 수 있는 투르말레Tourmalet와 호타캄Hautacam 꼭대기에 오르면 투지가 절로 생긴다. 도전하기로 마음만 먹으면 무엇이든 할 수 있다는 자신감으로 가슴이 벅차오른다.

▌아이디어는 어디에서 나오는가

런던에서 개최된 '커먼 퍼포즈Common Purpose'•• 모임에서 나는 약 200명의 경영자들에게 이런 질문을 던졌다.

• 매년 7월 프랑스에서 열리는 사이클 경기로 23일간 21개 구간을 달린다. 약 4,000킬로미터의 여정이다.
•• 1989년 영국에서 설립된 단체로 전세계에서 리더십 개발 프로그램을 운영하고 있다.

"당신은 언제 어디에서 가장 좋은 아이디어를 얻습니까?"

일부는 '샤워 중'이라고 답했고, 일부는 운동할 때, 또 일부는 휴일이라고 답했다. 놀라운 것은 회사에서 일하면서 최고의 아이디어를 얻는다고 답한 사람이 한 명도 없었다는 사실이다.

나만의 시간을 일상화하라. 심신을 재충전할 수 있을 뿐 아니라 사유의 시간을 통해 더욱 훌륭한 아이디어를 생각해낼 수 있다.

질 문

/

당신은 '나만의 시간'을 만들어 즐기고 있는가?

/

일 외에 당신에게 성취감을 주는 것은 무엇인
가? 당신은 그것을 어떻게 일상화시킬 것인가?

10장

사람 관리에 능한
관리자를 선택하라

일 잘하는 관리자, 사람 관리 잘하는 관리자

    회사의 IT 부서에 훌륭한 프로그래머가 있다고 가정해보자. 10년 동안 직무를 성실히 수행하고 업무성과도 꾸준히 좋았다. 그 다음 그녀에게 어떤 일이 생길까? 가장 확률 높은 시나리오는 프로그래밍 매니저로 승진하는 것이다. 왜? 훌륭한 프로그래머였으니 프로그래머들을 잘 지원하고 코칭할 수 있을 것이라고 회사가 믿기 때문이다!

    그러나 마이크로소프트에서는 이런 일이 절대로 일어나지 않는다. 훌륭한 프로그래머가 있다면 회사는 보수를 넉넉히 주어 보상한다. 중요한 의사결정에도 참여시킨다. 회사가 자신의 가치를 인정하고 있다고 느낄 수 있도록 지원을 아끼지 않는다. 하지만 사람을 관리하는 일은 맡기지 않는다. 관리자로서의 자질이 입증되지 않는 한 승진시키지 않는다. 마이크로소프트는 내가 종종 Happy의 가장 급진적인 신념이라고 말하는 것을 현실에서 실천하고 있다.

직원을 관리하기 위해서는 누군가를 관리자로 선택해야 한다. 판단기준은 얼마나 사람을 잘 관리하는 가에 달려 있다.

당연한 말이라고 생각할 것이다. 그러나 대부분의 회사에서는 직원을 잘 관리한다는 이유로 관리자가 되지 않는다. 프로그래밍이든 회계든 영업이든 자신이 맡은 일을 잘 수행해왔다는 이유로 승진한다. 오랫동안 근무했다는 이유로 자연스럽게 승진하기도 한다. 대부분 관리자가 되면 직원을 잘 관리하는 법을 얼마든지 배울 수 있다고 가정한다.

직원이 관리하는 자리로 승진하는 것은 매우 중요한 책임을 맡는 일이다. 직원이 매일 아침 사기 충만해서 회사 출근을 기다리는가, 아니면 회사가기를 두려워하는가. 그 차이를 만드는 사람이 바로 '관리자'다. 그럼에도 누군가를 관리자로 승진시키기 전에 승진 후보자가 진정으로 직원 관리에 능한 사람인가를 따져 보는 회사는 그리 많지 않다.

Happy는 이 문제를 어떻게 해결할까? 우리는 부서책임자를 회사가 아니라 그 부서의 직원들이 뽑는다. 부서책임자의 역할은 부서의 전략적 이슈를 다루는 것이다. 이와 별도로 코디네이터를 선정한다. 코디네이터는 일대일로 직원을 코칭하고 지원하고 독려한다. 즉 '사람 관리 업무'를 하는 것이다. 일부는 부서책임자이면서 코디네이터이기도 하지만 다르다. Happy에서 직원을 관리하는 사람은 그것을 잘할 수 있는 자질이 있다고 믿어지기 때문에 그 자리에 임명됐음을 의미한다.*

● Happy는 최근 코디네이터라는 명칭을 Mentors&Multipliers, 약칭 M&M로 바꿨다. Multiplier라는 단어를 사용한 것은 직원의 잠재역량을 최대한 키운다는 의미다. 모든 직원이 자신의 M&M을 선택할 수 있다. 즉 직원들은 자신이 일하는 부서의 책임자를 선출하는 데 참여하며, 자신을 코치할 M&M을 직접 선택한다.

질 문

/

당신의 회사는 관리자를 어떤 기준으로 선택하는가? 사람 관리 능력인가, 업무 수행 능력인가?

/

어떻게 하면 모든 직원이 자신의 잠재력을 최대로 이끌어주는 관리자와 일하도록 할 수 있을까?

조직의 잠재력을
최대한 활용하는 법

관리자들에게 사람 관리하는 일을 즐기는지 물어보라. 아마도 두 가지 대답이 나올 것이다. 일부는 그 일을 즐긴다고 말할 것이다. 그들은 매일매일 직장에 출근하는 이유가 관리자로서의 역할 때문이라고도 말한다. 직원의 발전을 지켜보고 잠재력을 충분히 발휘할 수 있도록 돕는 일은 관리자의 중요한 업무, 어쩌면 '가장' 중요한 업무다.

그러나 대다수 관리자들은 전혀 다른 반응을 보인다. 자신이 특정 직무는 잘하지만 사람 관리하는 일을 잘하는지는 모르겠다고 말한다. 실제로 사람 관리 업무에 대한 걱정으로 스트레스를 받거나 밤잠을 설치는 관리자가 적지 않다. 바로 이러한 관리자들이 직원의 사기를 저하시키고 결국 회사를 떠나게 만든다.

관리자가 갖춰야 할 핵심역량에 대해 살펴보자.

전략 / 의사 결정 / 지원 / 독려 / 코칭

이 리스트가 타당해 보이는가, 아니면 이상하다고 생각하는가? 나는 이 리스트가 전혀 다른 유형의 역량을 한데 묶어놓은 것이라고 생각한다. 아래 표처럼 나눌 수 있다.

역할 A	역할 B
전략	지원
의사결정	독려
	코칭

회사에서 승진하는 사람들은 대부분 역할 A에 필요한 역량을 높이 평가받기 때문이다. 그러나 '사람이 가장 큰 자산'이라고 생각한다면 역할 B에 필요한 역량이 중요해진다.

많은 조직이 저지르는 실수는 역할 A에 뛰어난 사람이 역할 B의 역량도 뛰어날 것이라고 믿는 것이다. 역할 B의 핵심역량은 배우기 쉽다고 생각하기 때문이다. 그렇지 않은가? 그러나 나는 그렇지 않다고 생각한다. 이는 마치 "A씨는 자동차 수리를 잘해. 그러니 회계 업무를 시키자"고 말하는 것과 같다.

세상은 무슨 일이든 다 잘하는 사람과 그렇지 않은 사람으로 나뉘지 않는다. 사람마다 역량과 능력이 다르다. 조직이 갖고 있는 잠재력을 최대한 활용하고 싶은가? 직원이 자신이 가장 잘할 수 있는 일, 즉 자신의 강점에 맞는 일을 할 수 있도록 도와라.

질 문

/

당신이 관리자를 뽑는 기준은 무엇인가?

/

당신의 회사에서 사람을 관리하는 일을 맡지
않고도 승진할 수 있는 길을 만들 수 있겠는가?

직원의 약점이 아닌
강점에 집중하라

질문을 하나 하겠다. 다음 이야기를 잘 읽어보라.

• • •

두 명의 영업사원이 있다. 역량개발을 돕기 위해 외부 교육프로그램에 참여시키고자 한다. 그런데 쓸 수 있는 돈이 한정돼 있다. 둘 중 한 명만 보낼 수 있다. 둘 다 10년 이상 일한 성실한 사원이다. 그러나 업무성과에서는 차이가 있다. 한 명은 연매출실적이 20만 파운드, 다른 한 명은 5만 파운드다. 회사에 최대한 도움이 되는 방향으로 결정해야 한다. 당신은 누구를 선택할 것인가?

자, 즉흥적으로 결정한다면 5만 파운드 실적의 영업사원을 보내려 할 수 있다. 명백히 도움이 필요한 사람으로 보이기 때문이다. 교육을 받고 역량을 개발해서 동료만큼 매출에 기여할 것을 기대한다. 그러나 교육투자의 효과를 최대화시키겠다면 결정이 달라질 것이다. 이미 20만 파운드 실적을 올린 사원을 보낸다. 역량이 입증됐기 때문에 교육 후에는 훨훨 날아다닐 만큼 실력이 향상될 것을 기대할 수 있다. 회사 매출에 대한 기여도 훨씬 더 클 것이다.

영업을 잘하는 사람이 영업을 더 잘할 수 있도록 지원한다는 개념은 마커스 버킹엄과 갤럽이 함께 진행한 '강점 찾기' 분석에 나타난다.* 수많은 서베이를 통해 100만 명 이상에게 물었다.

"오늘 직장에서 당신이 가장 잘할 수 있을 했습니까?"

이 질문에 20퍼센트만이 그렇다고 응답했다.[1]

직원평가를 실시할 때 대부분의 회사가 직원들의 강점과 약점을 함께 살펴본다. 문제는 그 이후다. 대개가 직원이 자신의

---

* 마커스가 태어난 해인 1966년, 경영의 대가 피터 드러커Peter Drucker가 자신의 강점을 극대화시킬 것을 주장한 《피터 드러커의 자기경영노트The Effective Executive》를 출간했다. 마커스가 강점 찾기 개념의 원조는 아니라는 말이다. 갤럽에서는 '강점 심리학Strengths Psychology'의 대가 도널드 클리프턴Donald CliftonDonald이 회장으로 취임해 '강점 찾기' 프로젝트를 지도했다.

약점을 개선하도록 돕는 데 매달린다. 역량개발 프로그램에 참여시키거나 멘토를 지정해서 돕는 등의 다양한 방법으로 약점 개선에 힘을 쏟는다. 그러나 정반대의 접근법도 있다. 바로 직원이 약점을 보강하는 데 시간을 쓰지 않고 자신이 가장 잘할 수 있는 일에 집중할 수 있도록 지원하는 것이다.

《위대한 나의 발견 강점 혁명Strengths Finder 2.0》을 구입하면 온라인으로 자신의 강점 5가지를 파악할 수 있다. 나의 강점 중 하나는 '누구든 나의 편으로 끌어들인다'는 의미의 'Woo'다. 인적 네트워크를 조직하는 데 능하고 새로운 사람들을 만나는 일을 즐긴다는 것이다. 사실이다. 나는 기업 전시회에 가서 모르는 사람과 인사를 나누는 것을 좋아한다. 새로운 사람을 만날 수 있는 행사에 가는 것은 나의 즐거움이다.

이 책은 사람의 강점을 34가지로 분석한다. 그중 하나가 '사람을 연결시키는 재능Relator'이다. 이는 사람들과 장기적으로 관계를 구축할 수 있는 능력을 의미한다. 나의 약점이 이것이다. 이 책을 접하기 전에는 내가 만난 새로운 사람들과 지속적인 관계를 유지하지 못하는 것을 자책해왔다. 동시에 내가 기업 전시회 같은 곳에 동료를 데려갔는데 그가 새로운 사람과 사귀는 것을 망설이면 언짢아했다. 기업 전시회에 가는 목적이 무엇인가?

새로운 사람들을 많이 만나 사업에 도움이 될 네트워크를 구축하는 것 아닌가?

우리가 찾은 대안은 서로의 장점에 맞춰 협력하는 것이었다. 나는 새로운 사람을 만나 인사하며 명함을 주고받고, 사람과 관계를 만드는 재능이 강점인 친구는 그 명단을 받아서 전시회가 끝난 뒤 연락을 취하고 장기적인 관계를 구축한다. 그렇게 하면 나도 행복하고 그 친구도 행복할 뿐 아니라 둘 다 효과적인 사람이 된다.

한 가지 다른 예를 들어보겠다.

• • •

아이가 성적표를 갖고 집에 왔다. A가 3과목(영어, 수학, 역사), C가 한 과목, 프랑스어는 F다. 당신은 어떤 과목에 초점을 맞춰 아이의 재능을 키우겠는가?

마커스는 수천 명에게 이와 동일한 질문을 던졌다. 대다수가 F학점을 받은 프랑스어에 더 집중해서 공부시키겠다고 답했다. 미국의 경우 77퍼센트가 그랬다. 영국은 이보다 낮은 52퍼센트 지만 여전히 절대다수다.

아이의 프랑스어 성적이 지나치게 나쁘니 관심을 갖는 것이 당연한 일 아니겠느냐고 말할 수 있다. 대부분 조사 결과에 동의한다. 그러나 마커스의 질문은 단순히 과목을 선택하라고 한 것이 아니다. 행간을 좀 더 세심하게 따져보면 이런 의미다.

"당신은 자녀들과 어느 과목에 대해 가장 많은 이야기를 나눌 것인가?"

여기서도 관점을 바꾸면 다르게 접근할 수 있다. 성적이 안 좋은 과목을 아쉬워할 것이 아니라, 성적이 좋은 과목에서 자녀가 얼마나 훌륭했는지를 칭찬하고 축하하는 것이다. F학점을 맞은 과목의 성적을 올리는 데 집중하는 것보다 더욱 효과적인 전략은 자녀가 취약한 과목을 아예 수강하지 않도록 조언하는 것일 수 있다.

마이크로소프트가 '강점 찾기'를 잘 활용하고 있다는 말을 듣고 Happy도 직원 관리에 적극 이용하기 시작했다. 마이크로소프트는 직원의 강점을 파악한 다음 그 분야에 집중해서 일하게 하는 데 경영의 초점을 맞추고 있다.

수많은 관리자들이 사람 관리하는 일을 좋아하지 않으며 그것을 잘할 수 있다고 생각하지도 않는다고 말한다. 이럴 때 회사는 어떻게 해야 하는가? 하나의 대안은 이들이 사람 관리 역량을 개발하도록 돕는 것이다. 관리자가 직원을 잘 보살피고자 하는 의지가 있다면 이 방법이 효과적일 수 있다.

그러나 사람 관리에 전혀 소질이 없는 관리자들이 적지 않다. 직원들은 이런 유형의 관리자 밑에서 일하려 하지 않는다. 경우에 따라서는 그런 관리자로부터 벗어나기 위해 회사를 떠나기도 한다.

질 문

/

당신은 직원이 강점을 살려 일하도록 돕는 데 초점을 맞추고 있는가, 아니면 약점을 고치도록 하는 데 초점을 맞추고 있는가?

/

당신은 사람 관리가 강점인 직원에게 그 일을 맡기고 있는가?

승진 이외의
대안적 시스템을 찾아라

여러분이 가장 아끼는 직원이 면담을 요청해서 이렇게 말한다고 상상해보자.

"저는 제가 하는 일을 사랑합니다. 함께 일하는 직원에게도, 연봉에도 불만이 없습니다. 그러나 관리자와는 함께 일할 수 없습니다."

당신은 이 문제를 어떻게 풀어나갈 것인가?

대부분의 경우 결론은 둘 중 하나다. 관리자가 나가든지, 직원이 회사를 떠난다. Happy는 이 문제를 5분 안에 해결할 수 있다. 우리는 그 직원에게 코디네이터라고 부르는 다른 관리자를 붙여준다.

이것이 가능한 이유는 코디네이터(현재는 M&M)의 역할을 수직적 경영구조에서 분리시켰기 때문이다. 코디네이터가 위계질서 상에 있지 않다는 말이다. 코디네이터는 직원을 잘 돕고 코칭에 능한 사람 중에서 뽑는다. 앞에서 설명한 역할 B에 최적화돼 있는 사람들이다. 이와 별도로 Happy에는 부서장들이 있다. 이들은 회사 발전을 위한 큰 그림을 그릴 줄 알며 전략적 의사결정에 능한 사람들이다. 역할 A에 해당하는 관리자다.

부서장들은 같은 부서에서 일하는 직원이 선출한다. '직장 내 민주주의 실현'이라는 Happy의 신념 때문에 그렇게 한다고 말하면 좋겠지만, 진짜 이유는 다른 데 있다. 그러한 방식이 가장 효과적이기 때문에 그렇게 할 뿐이다. 다국적 소재과학 기업 W.L. 고어에는 이런 말이 있다.

"리더가 되고 싶은가? 추종자를 먼저 찾아라."

직원이 인정하는 사람만이 리더가 될 수 있다는 말이다. 추종자가 없는 부서책임자는 생각할 수도 없다. 우리 고객사 중에 앨리슨이라는 뛰어난 마케팅 책임자가 있었다. 그녀는 회사 최고의 마케팅 전문가였다. 문제는 앨리슨의 직원 관리 역량이 형편없다는 점이었다. 부하 직원이 하나둘 떠나면서 마케팅팀의 이직률이 급상승했다. 회사는 답답하기만 했다. 그녀를 대체할 만한 사람이 없었거니와 그렇다고 해서 직원들이 떠나는 것을 두고만 볼 수는 없었다.

회사는 직원들에게 동기를 부여하고 회사에 꼭 필요한 존재임을 알려야 했다. 전통적인 위계질서로 이뤄진 구조에서는 이 문제를 해결할 수 없다. 그러나 한 발짝만 물러나면 해법을 발견할 수 있다.

우리의 제안으로 직원 관리 업무를 하지 않는 선임 마케팅 자문역Senior Marketing Consultant이라는 새로운 직책을 만들어 앨리슨을 임명했다. 그 다음 마케팅팀에서 사람 관리에 능한 사람을 찾아 관리자 역할을 맡겼다.

우선 앨리슨은 대만족이었다. 자신이 즐겁게 일하고, 가장 잘할 수 있으며, 회사가 능력을 인정하는 업무에 온전히 집중할 수 있었기 때문이다. 무엇보다도 스트레스의 원천이었던 사람 관리 업무에서 벗어났다. 마케팅팀 직원들 역시 대환영했다. 일 못한다고 핀잔주기보다 어떻게든 도우려 하고 격려를 아끼지 않는 새로운 관리자 밑에서 일하게 됐기 때문이다.

독일인 친구 니콜이 알려준 이야기에 따르면 독일의 대기업 중에는 2개의 '승진 경로'를 운영하는 회사가 더러 있다고 한다. 사람 관리와 기술 관리라는 두 가지 경로가 있는 것이다. 어느 것이 적합한지는 자신의 강점에 따라 판단할 수 있다.

예를 들어 독일 항공사 루프트한자Lufthansa에서는 '매니지먼트 경력'과 '전문가 경력'을 선택할 수 있다. 포르쉐Porsche, 지멘스 Siemens, 철강회사 잘츠기터플라흐스타흘Salzgitter Flachstahl도 비슷한 정책을 운영하고 있다. 기존 방식과 다른 대안적인 승진 시스템을 개발한 회사는 생각보다 많다. IBM은 오랫동안 'IBM 펠로우IBM Fellow'•제도를 운영하고 있다. 브리티시텔레콤British Telecom과 마이크로소프트에서도 사람 관리 업무를 하지 않아도 고위직으로 승진할 수 있다.

• IBM의 최고위 기술인력. 2020년 4월 현재 317명의 펠로우가 배출됐으며 DL 중 102명이 현역에서 활동하고 있다. IBM 펠로우에서 5명의 노벨상 수상자가 나왔다.

질 문

/

당신의 회사는 사람 관리 업무를 맡는 것이 유
일한 승진 코스인가?

/

핵심 직무는 훌륭하게 수행하지만 사람 관리
업무에는 소질이 전혀 없는 직원을 위한 대안
적인 승진 시스템을 만든다면 무엇이 있을까?

직원이 관리자를
선택하게 하라

관리자의 역할은 직원이 능력껏 일할 수 있도록 돕는 것이다. 직원을 지원하고 코치하며 도전에 과감히 맞설 수 있도록 격려하는 것이다. 우리는 일부 관리자들은 그 역할을 잘 수행하고 있지만 일부는 그렇지 않다는 사실을 알고 있다.

무능한 관리자는 사기를 떨어뜨리고 스트레스를 유발하며 최고의 직원이 회사를 떠나게 한다. 매우 큰 문제임에 틀림없다. 그러나 해결책이 없는 것은 아니다. 그것도 간단한 해결책이 있다.

직원이 자신을 관리할 사람을 선택하게 하라. 직원이 현재의 관리자를 좋아하지 않으면 원하는 관리자를 지정할 수 있게 하라.

사람들이 직장을 떠나는 이유에 대한 연구결과가 있다. 가장 흔한 이유 중 하나가 관리자로부터 벗어나기 위해서다. CMI*가 실시한 연구에서 47퍼센트의 응답자들이 관리자와의 충돌 때문에 이전 직장을 떠났다고 답했다.[2] 사람들은 자신의 관리자를 매우 중요하게 생각한다. 49퍼센트의 응답자는 더 좋은 관리자와 일하기 위해서라면 임금삭감도 감수할 수 있다고 말했다.

훌륭한 일터에서는 급여를 낮추면서까지 좋은 관리자를 찾아나설 필요가 없다. W.L. 고어에서는 누구든 자신의 관리자를 선택할 수 있다. Happy에서는 직원이 자신을 코치하고 멘토링할 코디네이터를 선택한다. 현재의 코디네이터와 궁합이 맞지 않으면 다른 코디네이터로 바꿀 수 있다.

최근 한 시상식에서 주최자가 "Happy에서는 직원이 관리자를 선택한다"고 말하자 청중들의 자발적인 박수갈채가 쏟아졌다. 사람들은 그것이 이치에 맞는다고 생각한다. 자신을 관리할 좋은 매니저를 스스로 선택할 수 있다면 삶이 더 행복해지고, 생산성도 더 높아질 것임을 알고 있는 것이다.

● 정식 명칭은 Charterd Management Institute로, 1947년에 설립된 경영관리자 양성기관이다. 2020년 현재 영국 전역에 10만 회원을 보유하고 있다.

수직적 위계질서를 갖고 있는 기업에서는 관리자를 선택할 수 있는 기회가 거의 주어지지 않는다. 그러나 이 책에서 제시했듯이 전략과 지원(사람 관리) 업무를 분리하면 관리자 선택이라는 제도를 쉽게 도입할 수 있다.

실제 Happy에서는 코디네이터를 바꾸는 일이 종종 있다. 코디네이터와 갈등이 있어서 바꾸는 것만은 아니다. 경우에 따라서는 코디네이터와 '절친'이 됐기 때문에 다른 코디네이터를 찾아 나선다. 자신의 발전을 위해 코디네이터를 바꾸는 경우도 있다. 새로운 도전을 원할 때 이를 잘 지도할 수 있는 다른 코디네이터가 있으면 그에게 코칭을 맡긴다. 이 모든 것을 가능하게 하는 간단한 신념이 하나 있다.

"자신의 발전과 직무 수행에 도움을 줄 수 있는 사람은 회사가 아니라 직원 자신이 가장 잘 안다."

질 문

/

당신의 회사는 관리자를 임명할 때 직원의 의
견을 반영하는가?

/

직원의 의견을 반영할 수 있는 방향으로 회사
를 바꿔나갈 수 있는가?

IV 나오며

미국의 심리학자 더글러스 맥그리거Douglas McGregor가 X이론과 Y이론을 제시한 지 60년의 세월이 흘렀다.[1] X이론과 Y이론은 사람 관리와 관련해 전혀 상반된 방향을 제시한다. X이론은 직원이 천성적으로 게으르고 일을 하려 하지 않는다고 가정한다. 이렇게 가정하면 당연히 세밀한 감독과 여러 단계에 걸친 승인절차, 지시와 통제에 입각한 경영관리가 필요하다는 결론에 이른다.

반면 Y이론은 사람들이 각자의 동기부여에 따라 일하며 언제나 일을 잘하려 노력한다고 가정한다. 직원이 새로운 학습에 열려 있으며 책임감을 갖고 일한다고 믿는다. 이러한 믿음은 전혀 다른 경영 스타일로 우리를 이끈다. 바로 이 책이 제시하는 경영관리 방식이다.

1960년 맥그리거가 《기업의 인간적 측면The Human Side of Enterprise》을 출간했을 때만 해도 Y이론의 가능성을 뒷받침할 만한 증거는 거의 없었다. 따라서 당시 맥그리거는 Y이론을 '일의 세계World of Work'를 변화시킬 수 있는 하나의 이론적인 접근법으로만 제시할 수 있었다. 그러나 일부 경영자들은 Y이론을 매우 진지하게 받아들였다. W.L. 고어의 빌 고어가 대표적인 예다. 빌은 Y이론이 나오자 자신의 회사를 이 이론에 기초해서 경영하기로 결심했다고 전해진다.

마침내 W.L. 고어는 전세계적으로 37억 달러의 매출을 올리는 다국적 소재과학 기업으로 성장했으며 수차례 최고의 일터로 선정됐다. 학자들은 "경영혁신의 실험 그 자체"라고 평가했다. W.L. 고어는 내가 말하는 '사람을 중요하게 여기는 경영 management as if people matter'이 실제 세계에서 가능하다는 것을 입증하는 많은 사례 중 하나다.

▌바로 지금 변화에 나서라

우리는 이제 전통적이고 수직적인 경영관리가 얼마나 해로울 수 있는지 충분히 안다. 조직에 몰입해서 일하는 직원과 그렇지 않은 직원 간의 생산성 격차는 극적이다. 사기가 충만하고 몰입도가 높은 직원은 더 생산적이고, 더 헌신적이며, 회사가 이익을 내면서 성장하는 데 훨씬 더 크게 기여할 수 있다. 반대로 장시간 근로, 직무와 근태에 대한 지나친 통제, 직원에게 동기를 부여하지 못하는 관리자는 만병의 근원이다. 생산성이 떨어지고 이직률이 높아지며 직원의 건강까지 악화된다.

우리는 누구나 훌륭한 일터를 만들어낼 수 있다. 마음만 먹으면 벤치마킹할 수 있는 '환상적인' 기업들이 도처에 있다. Happy와 같은 회사도 있고, 구글, 마이크로소프트, 존루이스, W.L. 고어, 아스다 같은 거대 기업도 있다.* 직원을 신뢰하고 자유를 부여하며 충분히 지원하고 도울 경우, 그들이 최선을 다해 직무를 수행함으로써 회사에 혜택을 가져다준다는 사실을 잘 보여주는

- 헨리는 웹사이트에서 '관리자가 아예 없는 기업' 16곳을 예시하고 있다. W.L. 고어, 샘코 외 Zappos, Mayden, Buurtzorg, Reddico, u2i, Valve 등이 있다. 상세한 내용은 아래 링크에서 확인하라. https://www.happy.co.uk/blogs/16-companies-that-don-t-have-managers/

회사들이다.

Happy가 하는 일이 바로 이것이다. 우리는 훌륭한 일터를 만들고자 하는 기업들을 돕는다. 기업만이 아니다. 자선단체, 사회적 기업, 의료기관, 국가기관, 국영기업 등 어떠한 유형의 조직이든 훌륭한 일터를 만들 수 있으며 만들어내야 한다. 사실 그렇게 어려운 일도 아니다. 회사가 직원을 소중하게 생각한다면, 그리고 그들의 가치를 높이 산다면 아주 쉽게 행복한 일터를 만들수 있다.

이제 공은 독자인 당신에게로 넘어갔다. 이 여정에 이미 동참하고 있든, 이제 막 움직이기 시작했든, 당신의 다음 단계 행동이 무엇일지 무척 궁금해진다.

마지막 질문

/

만약 당신의 회사가 진정으로 훌륭한 일터가
된다면 생산성이 얼마나 더 향상되겠는가?

/

행복한 일터를 만들기 위해 당신이 지금 바로
취해야 할 첫 번째 조치는 무엇인가?

V 감사의 말

이 책은 Happy와 Happy와 함께 일한 많은 수많은 기업의 경험을 기초로 쓰였다. 우리는 매우 열심히 좋은 아이디어를 배우고 실천하려 했다. 여러분도 그렇게 하리라 믿는다.

이 자리를 빌려 〈매니지먼트투데이Management Today〉와 유니시스Unisys 서비스경영대상 관계자들에게 감사의 뜻을 전한다. 서비스경영대상을 통해 무수히 많은 훌륭한 사람과 기업을 만날 수 있었다. 훌륭한일터연구소Great Place to Work Institute 관계자들에게도 감사를 전한다. 진정으로 훌륭한 일터를 일군 기업들에게 많은 지혜를 얻었다.

리카르도 세믈러의 《Maverick》은 우리에게 가장 큰 영향을 미쳤다. 리카르도가 아버지로부터 셈코를 인수한 뒤 신뢰를 기반으로 조직으로 탈바꿈시키는 과정을 적은 책이다. 일독을 권한다.

'사람은 자신이 존중받고 있다고 느낄 때 일을 가장 잘한다', '실수를 축하하라', '직원이 최선을 다해 일하고 있음을 믿어라' 등의 아이디어는 Re-Evaluation Counseling사가 주창한 것이다.

현재 Happy에서 일하고 있거나 거쳐간 모든 직원에게도 감사한다. 이 책을 정리하는 데 많은 사례와 영감을 준 우리의 보배들이다. 스튜어트 크레이너Stuart Crainer가 아니었으면 이 책은 세상에 나오지 못했을 것이다. 내가 집필을 포기하려 했을 때 작업을 계속하도록 설득했으며, 이 책을 기획하고 구성하고 제작하는 데 큰 도움을 줬다. 출판 과정을 자문해준 Vertigo Communications의 제니 보이스Jenny Boyce에게도 특별한 감사의 마음을 전한다.

마지막으로 아내와 우리 아이들에게도 애정을 담아 감사의 말을 전한다. 이 책뿐 아니라 지금까지 Happy가 했던 모든 일은 아내와 아이들의 지원과 격려가 없었으면 불가능했다.

이 세상에서 가장 위계질서가 뚜렷한 조직은 어디일까? 누구든 쉽게 답할 것이다. 군대다. 엄격한 명령체계를 생명으로 하는 조직이다. 대부분의 기업도 마찬가지다. CEO 아래 복잡한 위계질서를 기반으로 움직인다. 우리나라 기업은 특히나 군대와 비슷하다.

그렇다면 많은 경영학 교과서가 추천하듯이 기업이 현업 일선에서 뛰는 직원들에게 권한을 대폭 위임해 소위 '임파워먼트 empowerment'를 실행하는 것은 실제로 가능할까?

군대에서 가능하다면 기업에서도 당연히 가능하지 않겠는가? 이라크에서 미국의 대테러전쟁을 지휘한 스탠리 맥크리스털 Stanley McChrystal 장군의 사례를 살펴보자. 스탠리가 부임했을 때

미군은 알카에다Al-Qaeda를 상대로 '지는 전쟁'을 하고 있었다. 스탠리는 미군이 자신의 명령 하에서만 움직이는 데 반해 알카에다 조직은 현장 지휘관이 전권을 행사하고 있는 것이 가장 큰 차이임을 파악했다. 미군은 전형적인 불통 조직, 알카에다는 네트워크형 조직이었던 것이다. 스탠리는 현장의 작전팀장에게 작전지휘권을 대폭 이양하는 결단을 내린다. 그 결과 '지는 전쟁'을 역전시킬 수 있었다.

한국에는 행복한 기업이 많지 않다. 한 최고경영자와의 대화 내용을 소개한다. 그는 급여도 대폭 인상하고, 사무환경 개선에도 많은 돈을 들였다. 당연히 직원들의 사기가 하늘을 찌를 것을 기대했다. 그러나 별 변화가 없었다. 경영성과도 뚜렷이 개선되지 않았다. 한마디로 해줄 수 있는 일을 다했는데 자신에게 돌아온 것은 없었다고 말했다.

이 책의 저자 헨리 스튜어트가 이 자리에 있었다면 아주 간단히 답했을 것이다. 매슬로의 욕구단계설을 인용해 "직원들의 기초적인 욕구, 즉 보상, 직장 내 안전, 안정감은 제공했지만 더 고차원의 욕구는 해결하지 못했기 때문"이라고 말할 것이다.

그것은 바로 '조직의 신뢰와 자신의 직무를 스스로 통제할 수 있는 자유'다. 이를 부여하면 직원들은 매슬로의 욕구단계설 최상위에 있는 '자아실현'을 성취하게 된다.

이 책에서 헨리는 많은 급진적인 아이디어를 제시한다. 오늘날 한국의 현실에서 보면 급진적이다는 말이다. 헨리가 제시한 아이디어는 그의 회사가 이미 오래전부터 시행하고 있는 것들이다. 그러니 그에게는 급진적이지 않다.

전직원의 급여를 투명하게 공개하는 것부터 사전에 가이드라인을 주고 이후 모든 결정 권한을 현장에 위임하는 것, 관리자를 직원이 선출하게 하는 것, 학력이나 경력을 보지 않고 태도를 보고 채용하는 것, 유연근무제도를 획기적으로 도입해 직원들에게 삶을 돌려주는 것 등 독자들이 "그게 한국에서 가능해?"라고 반응할 신선한 아이디어가 많다. 그러나 헨리가 실행하고 있을 뿐 아니라 초대형 글로벌 기업들, 예를 들면 구글, 넷플릭스, W.L. 고어, 자포스, 셈코 등 '행복한 일터'로 꼽힌 회사들은 이미 이를 전체적, 또는 부분적으로 실행하고 있다.

한국기업들은 과연 '행복한 일터', '훌륭한 직장'을 만들 수 있을까? 가장 중요한 것은 경영의 초점을 '인간'에 맞추는 사람 중심 경영을 최고경영자들이 솔선수범하는 것이다. 월급은 사장이 주는 것이 아니고 직원들이 버는 것이다. 직원이 행복하면 회사가 돈을 더 잘 번다. 이를 입증하는 연구는 차고도 넘친다.

자, 어떤가? 한 번 도전해보고 싶지 않은가? 대한민국의 모든 직장이 '행복한 일터'가 될 때까지 헨리의 '해피 매니페스토'를 실현해보자!

나는 만 35년 동안 직장생활을 했다. 한국수출입은행을 시작으로 매일경제신문사, 풀무원, 그리고 공직자 생활까지 많은 조직을 경험했다. 내가 요즘 후배들을 만나면 물어본다. "나와 일할 때 행복했는가?"라고. 회사 전체가 행복하지 않다고 당신이 책임지고 있는 조직까지 불행할 이유는 없다. 나와 함께 일하는 직원부터라도 '행복하게' 만드는, 다시 말해 헨리의 제언 일부라도 실행하는 가운데, 변화의 파도가 높아질 것이다.

헨리는 2019년 9월 혁신콘텐츠자문회사 화제인의 주최로 열린 '나, 일, 그리고 행복'이란 주제의 국제컨퍼런스에서 처음 만났다. 이 행사는 2021년부터 Happy Work Summit으로 진행된다. 알록달록한 밝은 원색의 셔츠를 입고 강단에 등장한 헨리는 "당신은 회사에서 언제 제일 행복했느냐?"는 도발적인 질문으로 강연을 시작했다. 그가 전해준 이 책을 읽고 눈이 확 트였다. 행복 경영에 대한 많은 책이 있지만 경영관리자 입장에서 십계명처럼 이렇게 간단명료한 지침을 준 것은 그리 많지 않다. 특히나

학자들이 아니라 실제로 '훌륭한 일터'를 만들어낸 경영자로부터 제시된 것은 거의 없다.

이 책의 가장 큰 장점은 '현장감'이다. 헨리가 직접 겪었거나 Happy와 같이 일한 기업들에서 나온 사례들로 가득 차 있다. 한국어판을 계기로 헨리가 내용을 부분적으로 업데이트했으며, 사례로 예시된 회사들에 대한 소개와 2020년 현재는 어떤 위치에 있는지를 옮긴이의 주석으로 설명하려 노력했다.

책을 다 읽었는가? 이제 행복한 일터로의 여정을 시작하자.

강 영 철
Happy Workplace Lap 대표이자
한양대학교 특임교수

해피 매니페스토 .

조직을 혁신하고 싶은가? 성과를 견인하는 훌륭한 일터를 일구고 싶은
가? 직원들의 열정과 생산성으로 가득 찬 행복한 일터를 만들고 싶은가?
그렇다면 다음의 10가지 원칙을 지금 바로 실행해보라.

1. 직원이 신나게 일할 수 있도록 신뢰하라

조직의 유연한 혁신을 방해하는 다단계 승인 프로세스를 없애라. 대
신 사전에 승인하고, 직원을 돕고 지원하는 데 관리의 초점을 맞춰라.

2. 직원의 행복을 최우선으로 생각하라

직원이 행복해야 회사가 성공한다. 이것이 바로 '사람 중심 경영'의
핵심이다.

3. 훌륭한 일터를 만들면 최고의 성과가 창출된다

직원들이 대부분의 업무 시간을 자신이 가장 잘할 수 있는 일에 쓰도
록 이끌어라.

4. 명확한 가이드라인 안에서 자유를 부여하라

직원들은 회사가 무엇을 기대하는지 알고 싶어 한다. 동시에 주어
진 목표를 달성하는 최선의 방법을 스스로 찾아낼 수 있는 자유를
원한다.

5. 연봉을 포함한 모든 정보를 공유하라

조직 내에 더 많은 정보가 공개될수록 직원들의 책임감과 오너십이 커진다.

6. 학력, 경력이 아닌 태도를 보고 채용하라

자격조건으로 사람을 함부로 평가하지 마라. 태도와 잠재력을 보고 역량은 훈련시켜라.

7. 직원의 실수를 축하하라

회사에서의 실수는 비난할 일이 아니다. 오히려 조직의 성장을 위해 축하할 일이다. 직원을 비난하지 않는 'no-blame' 문화를 만들어라.

8. 회사에 도움이 되는 사회공헌 활동을 조직하라

이윤 창출은 중요하지만 그것이 사업의 전부는 아니다. 지역사회에 선한 영향을 미칠수록 조직에 더 많은 혜택이 돌아온다.

9. 일을 사랑하고, 삶을 얻게 하라

직원이 잘 쉬고 충분한 여유를 즐긴 뒤 일에 몰입할 수 있도록 지원하라. 유연근무를 두려워하지 말고 바로 실행하라.

10. 사람 관리에 능한 관리자를 선택하라

훌륭한 관리자는 사람 관리를 잘한다. 일은 잘하나 사람 관리에 소질이 없는 관리자를 위한 별도의 '승진 경로'를 구상하라. 직원이 관리자를 선택할 수 있게 하면 베스트다.

추천도서

Happy를 행복한 일터로 만드는 데 영감을 준 도서를 소개한다. 경영혁신에 관한 새로운 접근법을 정리하는 데 많은 도움을 주었다. 리더는 물론 모든 관리자와 직원에게 권한다.

- 헨리 스튜어트, 캐시 부사니, James Moran, 《Relax! a Happy Business Story》, Happy, 2009

동료들과 함께 소설 형태로 Happy의 경영방식을 정리했다. 사람 관리 업무에 자신 없던 매니저가 직원들을 신뢰하고 명확한 가이드라인 안에서 자율을 부여하면서 어떻게 스트레스에서 벗어날 수 있었는지를 설명한다.

- 리카르도 세믈러, 《Maverick》, Random House, 1994

내게 가장 많은 영감을 준 책이다. 이 책에서 경영자 세믈러는 아버지로부터 물려받은 위기의 회사를 어떻게 일류기업으로 변화시켰는지 보여준다. Happy에 입사하는 모든 직원의 필독서다.

- 프레데릭 라루, 《조직의 재창조Reinventing Organizations》, 생각사랑, 2016

자기경영self managing에 기초한 조직을 'Teal'이라 부르며 새로운 조직 모델의 다양한 사례를 소개하고 있다. 원서의 부제는 'A Guide to Creating Organizations Inspired by the Next Stage of Human Consciousness'다.

- Aaron Dignan, 《Brave New Work》, Portfolio, 2019

리더에게 조직을 재창조할 준비가 돼 있는지를 묻는 책이다. 아론은 조직디자인 컨설팅 회사 The Ready의 창업자로 자기경영, 신뢰, 투명성을 기초로 경영혁신할 것을 주문한다.

- 라즐로 복, 《구글의 아침은 자유가 시작된다(Work Rules!)》, 알에이치코리아, 2015

구글의 인사책임자 라즐로 복이 구글의 인간 중심적인 조직문화와 인재 등용의 비결을 공개한 책이다.

- 스탠리 맥크리스털 외, 《팀 오브 팀스Team of Teams》, 이노다임북스, 2016

미국의 퇴역장군 스탠리 맥크리스털이 3명의 공동 저자와 함께 알카에다 테러와의 전쟁을 지휘한 경험을 토대로 조직원에게 자기결정권을 부여해야 한다고 강조한다. 위계질서에 입각한 조직의 시대는 끝나고, 팀이 의사결정권을 갖는 네트워크 조직의 시대가 왔음을 역설한다.

- Vineet Nayar, 《Employee First, Customer Second》, Harvard Business School, 2010

직원 7만 명의 아웃소싱 회사 HCLT의 CEO 비니트 바야르가 직원에게 초점을 맞춰 경영하면 직원이 고객에게 집중하게 된다고 설명한다.

- 줄리안 버킨쇼, 《Becoming a Better Boss》, Jossey-Bass, 2013

직원의 입장에서 훌륭한 보스를 정의하고 어떻게 하면 이런 보스가 될 수 있는지 정리했다. Thinkers50는 줄리안을 '미래 경영을 이끌 경영사상가'로 선정했다.

- 제이슨 프라이드 외, 《일을 버려라!IT DOESN'T HAVE TO BE CRAZY AT WORK》, 예문아카이브, 2019

소프트웨어 회사 Basecamp 창업자들이 장시간 근로와 과로 같은 관행을 없애고 어떻게 직원들에게 삶을 즐기도록 격려하는 회사를 만들었는지 설명한다.

- 토니 셰이, 《딜리버링 해피니스Delivering Happiness》, 북하우스, 2010

자포스의 CEO 토니 셰이가 근본적으로 다른 형태의 회사를 만든 과정을 담았다. 자포스는 전설적인 고객 서비스와 직원들의 행복에 초점을 맞춘 경영으로 유명하다.

- 패티 맥코드, 《파워풀Powerful》, 한국경제신문, 2018

넷플릭스 최고인재경영자 맥코드가 자유와 책임에 입각한 '고성과' 조직 문화를 어떻게 구축했는지 보여준다.

- Alexander Kjerulf, 《Leading with Happiness》, Woohoo Press, 2017

덴마크의 행복학 권위자 알렉산더 셰룰프는 내가 알기로 '최고행복경영자Chief Happiness Officer'라는 직책을 쓴 최초의 경영인이다. 경이로운 비즈니스 성과와 더 나은 세계를 만들기 위해 행복을 최고의 가치로 추구하는 경영자들의 이야기를 엮었다.

- Niki Gatenby, 《Superengaged》, Propellernet, 2018

사람과 목적을 우선시하는 혁신적인 경영방식을 다룬 책이다.

- 에릭 슈미트 외 《구글은 어떻게 일하는가How Google Works》, 김영사, 2014

구글 전 CEO 슈미트가 직접 구글의 탁월한 경영전략을 설명한다.

- Kim Scott, 《Radical Candour》, Pan Macmillan, 2017

애플, 트위터, 구글에서 일한 경험을 바탕으로 독재적 경영자와 무한한 감성적 경영자 사이의 균형을 다뤘다. 2017년 출판본의 부제는 '인간성을 잃지 않고 훌륭한 보스가 되는 법'이다. 2019년 10월 개정판이 출간됐다.

- 톰 피터스, 《The Excellence Dividend》, Vintage Books, 2018

예측 불가능한 시대, 변화의 홍수에 맞서기 위해서는 사람 중심 경영이 절대적으로 필요하다고 강조한다.

- 리즈 와이즈먼, 《멀티플라이어Multipliers》, 한국경제신문, 2019

리더가 팀원의 역량을 극대화시켜 탁월한 결과를 창출할 수 있는 방법을 소개한다.

- 〈50+ Transformational Practices in Freedom at Work〉, Worldblu, 2017

세계 정상급 조직문화를 구축하기 위한 플레이북. 리더십 교육기관 Worldblu가 이를 기반으로 'Discover the Freedom at Work' 리더십 모델을 개발·교육하고 있다.

- 스티븐 데닝, 《애자일, 민첩하고 유연한 조직의 비밀The Age Of Agile》, 어크로스, 2019

민첩하고 유연하게 일하는 Agile 방식이 소프트웨어 개발 기업을 넘어서 모든 형태의 조직을 어떻게 바꾸고 있는가를 설명한다.

- 브루스 데이즐리, 《조이 오브 워크The Joy of Work》, 인플루엔셜, 2020

트위터의 전 부사장 브루스가 일의 기쁨과 성과를 함께 올릴 수 있는 30 개의 방법을 소개한다.

- 짐 클리프턴, 짐 하터, 《강점으로 이끌어라It's the Manager》, 김영사, 2020

갤럽의 광범위한 서베이를 기초로 생산성 높은 고성과 조직을 만드는 데 영향을 미치는 요소들을 분석했다. 가장 중요한 요소는 물론 관리자들이다.

- James Belasco, Ralph Stayer, 《Flight of the Buffalo》, Warner Books, 1993

버팔로는 무리의 우두머리에 전적으로 의존한다. 리더가 죽으면 나머지 무리는 무엇을 해야 하는지 모른 채 우두머리의 사체를 맴돈다. 반대로 거위는 대형을 이뤄 하늘을 날 때 리더를 계속 바꾼다. 이 책은 훌륭한 아이디어와 사례를 제시하며 당신의 버팔로를 비상하게 만드는 방법을 전달한다.

- James Autry, 《The Servant Leader》, Crown, 2001

서번트 리더십은 원래 로버트 그린리프Robert Greenleaf가 개발한 아이디어다. 우리가 제시한 새로운 경영방식과 많은 접점을 갖고 있는 책이다. 리더의 역할은 감독하고 지휘하는 것이 아니라 직원에게 봉사하고 지원하는 일이라는 것이 핵심이다.

- Neil Croft, 《Authentic Business》, Capstone, 2005

닐은 기업을 경영하는 또 다른 방식을 Innocent, Yeo Valley Family Farm, Howie 등 기업 사례를 활용해 감동적으로 그려낸다. 이 책에서 말하는 Authentic Business는 '이윤을 초월하는 목적'을 갖고 있는 기업이다.

- 데일 카네기, 《데일 카네기 인간관계론》, 현대지성, 2019

때로는 고전古典이 최고다. 카네기는 어디서든 환영받는 사람이 되는 법, 설득하는 법 등 관계에 관한 진리를 가르친다.

- Captain D. Michael Abrashoff, 《It's Your Ship》, Warner, 2000

사람들이 종종 묻는다. 《해피 매니페스토》에서 제시한 아이디어가 군대 같은 전통적인 지휘통제 조직에서도 가능한가? 에브라소프 해군 제독은 부하들에게 신뢰와 자율을 부여함으로써 '미 해군 최고의 함정'을 만들 어냈다.

주

들어가며

1 Tower Perrins의 설문조사. Gary Hamel의 ⟨Labnotes Issue 14⟩, "The hidden costs of overbearing bosses"에서 재인용됐다(London Business School Mlab). Dec 2009.

1장

1 랜달 스트로스Randall Stross가 쓴 《구글, 신화와 야망Planet Google》에서 인용했다.

2장

1 난도스의 인사담당 스페셜리스트 Marcelo Borges가 2006년 Learning & Skills Council에서 발표한 발제문에서 인용했다.

2 2003년 ⟨매니지먼트투데이⟩ 선정 Service Excellence Award. 이제는 Customer Experience awards로 이름이 바뀌었는데, Happy는 2년 연속 선정됐다.

3 C.K. Hofling 외, "간호사와 의사의 관계에 관한 실험An Experimental Study of Nurse-Physician Relationship", ⟨신경과정신질환저널Journal of Nervous and Mental Disease⟩, 1966, pp. 171~180.

4 Patty McCord, 2004.

3장

1 Alex Edmans의 "Does the stock market fully value intangibles? Employee satisfaction and equity prices", ⟨Journal of Financial Economics⟩, 2011. http://faculty.london.edu/aedmans/Rowe.pdf

2 'The proof is in profits: America's happiest companies make more money', ⟨Fast Company⟩, 22 Feb 2013.

3 Engagement for Success, Macleod Report, 2009.

4 Staff Engagement Toolkit 2013, https://www.nhsemployers.org/~/media/ Employers/Documents/SiteCollectionDocuments/staff-engagement-toolkit.pdf

5 "The Power of Three: Taking Engagement to New Heights", Willis Towers Watson, June 2016.

6 "State of the American Workplace Report", Gallup, 2017.

7 Servant Leadership Conference 2019.

8 마이클 에브라쇼프, 《It's Your Ship》, 2002. 2008년 이 책의 후속편으로 《It's Our Ship: The No-Nonsense Guide to Leadership》을 출간했으며, 두 책 모두 밀리언셀러가 됐다.

4장

1 〈포춘〉, July 2009.

2 "A revolutionary at work at W.L. Gore", 〈월스트리트저널〉, 23 Mar 2010.

6장

1 나탈리가 임신하면서 재무관리자 자리에서 물러났다. 육아를 위해 일주일에 3일만 근무하기를 희망했고, 현재는 업무 부담이 적은 직무를 맡아서 일하고 있다.

7장

1 Interface press release, 23 Mar 2010.

2 폐기물 제로 프로젝트에 관한 자세한 내용은 다음의 링크에서 볼 수 있다. https://www.slideshare.net/sasinsustainability/net-impact-nov-2014-interfaces-sustainable-carpets-zero-waste?from_action=save

9장

1 http://sleepeducation.blogspot.com/2010/02/bill-clinton-importance-of-sleep.html

10장

1 마커스 버킹엄, 《위대한 나의 발견 강점 혁명》에서 인용했다.
2 〈HR Review〉, 11 Nov 2009.

나오며

1 더글러스 맥그리거, 《The Human Side of Enterprise》, Penguin Books, 1960.

찾아보기

해피 매니페스토

초판 1쇄   2020년 9월 10일

지은이   헨리 스튜어트
펴낸이   서정희
펴낸곳   매경출판㈜
옮긴이   강영철
책임편집   조문채
마케팅   강동균 신영병 이진희 김예인
디자인   김보현 이은설

매경출판㈜
등록   2003년 4월 24일(No. 2-3759)
주소   (04557) 서울시 중구 충무로 2(필동1가) 매일경제 별관 2층 매경출판㈜
홈페이지   www.mkbook.co.kr
전화   02)2000-2612(기획편집) 02)2000-2636(마케팅) 02)2000-2606(구입 문의)
팩스   02)2000-2609   **이메일**   publish@mk.co.kr
인쇄 · 제본   ㈜M-print   031)8071-0961
ISBN   979-11-6484-168-4(03320)